MEIOS DE OBTENÇÃO DE PROVA NO PROCESSO PENAL

437

Conselho Editorial
André Luís Callegari
Carlos Alberto Molinaro
César Landa Arroyo
Daniel Francisco Mitidiero
Darci Guimarães Ribeiro
Draiton Gonzaga de Souza
Elaine Harzheim Macedo
Eugênio Facchini Neto
Gabrielle Bezerra Sales Sarlet
Giovani Agostini Saavedra
Ingo Wolfgang Sarlet
José Antonio Montilla Martos
Jose Luiz Bolzan de Morais
José Maria Porras Ramirez
José Maria Rosa Tesheiner
Leandro Paulsen
Lenio Luiz Streck
Miguel Àngel Presno Linera
Paulo Antônio Caliendo Velloso da Silveira
Paulo Mota Pinto

Dados Internacionais de Catalogação na Publicação (CIP)

M514   Meios de obtenção de prova no processo penal / Miguel Tedesco Wedy (organizador) ; Augusto Tarradt Vilela ... [et al.]. – Porto Alegre : Livraria do Advogado, 2018.
121 p. ; 23 cm.
Inclui bibliografia.
ISBN 978-85-9590-047-9

1. Processo penal. 2. Prova (Direito). I. Wedy, Miguel Tedesco. II. Vilela, Augusto Tarradt.

CDU 343.14
CDD 345.06

Índice para catálogo sistemático:
1. Processo penal : Prova (Direito)   343.14

(Bibliotecária responsável: Sabrina Leal Araujo – CRB 10/1507)

Miguel Tedesco Wedy
(organizador)

MEIOS DE OBTENÇÃO DE PROVA NO PROCESSO PENAL

Augusto Tarradt Vilela
Celito De Bona
Guilherme Rodrigues Carvalho Barcelos
Miguel Tedesco Wedy
Paulo Thiago Fernandes Dias

Porto Alegre, 2018

©
Augusto Tarradt Vilela
Celito De Bona
Guilherme Rodrigues Carvalho Barcelos
Miguel Tedesco Wedy
Paulo Thiago Fernandes Dias
2018

Capa, projeto gráfico e diagramação
Livraria do Advogado Editora

Revisão
Rosane Marques Borba

Direitos desta edição reservados por
Livraria do Advogado Editora Ltda.
Rua Riachuelo, 1300
90010-273 Porto Alegre RS
Fone/fax: 0800-51-7522
editora@livrariadoadvogado.com.br
www.doadvogado.com.br

Impresso no Brasil / Printed in Brazil

— Prefácio —

É inequívoco que cada vez mais se vislumbra a relevância de novos meios de obtenção de prova no processo penal. Se outrora o processo criminal era essencialmente resolvido pelos meios tradicionais de prova (provas testemunhais, confissões, provas documentais) – de certo modo continua sendo assim, quando se trata da criminalidade tradicional –, hoje se sabe que para enfrentar a criminalidade organizada, a criminalidade econômica e os crimes contra a administração pública, o legislador teve de lançar mão de outros institutos, bem mais invasivos do ponto de vista das garantias constitucionais.

E, assim, surgiram ou se fortaleceram as colaborações premiadas, as interceptações telefônicas e telemáticas, as conduções coercitivas, os acordos de leniência, a infiltração de agentes, a ação controlada etc.

A obra que ora se apresenta objetiva apreciar alguns desses institutos sob um viés crítico, não apenas como institutos que levam o processo penal e as garantias às linhas mais limítrofes, mas também como institutos que devem ser melhorados, corrigidos e, em caso de má utilização, repelidos.

Por certo que a tarefa não é fácil, diante da multiplicidade dos meios de obtenção de prova e dos próprios meios de prova, porém, é preciso iniciar a jornada.

Por isso, optou-se por trabalhar nesse primeiro capítulo apenas com as discussões acerca da licitude desses meios de prova e obtenção de prova, a colaboração premiada, a condução coercitiva, o acordo de leniência e a infiltração de agentes, deixando-se mais para diante, o tratamento das interceptações telefônicas e telemáticas, a ação controlada, o flagrante esperado, a cooperação penal internacional e outros temas.

Uma boa leitura e que os trabalhos aqui apresentados sirvam para a vida corrente dos operadores do Direito, a fim de que nos seus afazeres eles afirmem a Constituição Federal de 1988.

Miguel Tedesco Wedy
Decano da Escola de Direito da Unisinos. Doutor em Ciências
Jurídico-Criminais pela Faculdade de Direito da Universidade de Coimbra.
Advogado Criminalista.

— **Sumário** —

1. As figuras dos agentes infiltrado e provocador entre a eficiência e as garantias
Miguel Tedesco Wedy..9

2. Acordos de leniência: resultado do diálogo entre o direito responsivo e o impositivo ético
Celito De Bona..31

3. Condução coercitiva de investigado *versus* presunção de inocência: o autoritarismo processual penal ainda insepulto no Brasil pós-Constituição de 1988
Paulo Thiago Fernandes Dias..57

4. Lei nº 12.850/2013 e a colaboração premiada: análise diante da relativização das garantias constitucionais
Augusto Tarradt Vilela..79

5. Provas ilícitas no processo penal eleitoral: às voltas com as gravações ambientais clandestinas
Guilherme Rodrigues Carvalho Barcelos...101

— 1 —

As figuras dos agentes infiltrado e provocador entre a eficiência e as garantias

MIGUEL TEDESCO WEDY[1]

Sumário: 1. Introdução; 2. O agente infiltrado ou encoberto; 3. O agente provocador e a Súmula 145 do Supremo Tribunal Federal; 4. Conclusão; Bibliografia.

1. Introdução

A luta e o embate entre garantias e justiça impõe um ponto de equilíbrio no processo penal. E é aqui, justamente aqui, que a ideia de uma eficiência onto-antropológica se apresenta como mecanismo de extrema significação para a legitimação de um processo penal acusatório e democrático. Encontrar um ponto de equilíbrio duradouro entre justiça e garantias no processo penal não é tarefa simples. Não apenas em razão de entendermos que a eficiência não pode ser vista desconectada da ideia de justiça, numa unidade de sentido, mas também em razão da existência de uma pressão natural para que a "eficiência" seja um sinônimo de presteza jurisdicional e de enfrentamento da impunidade.

Essa é uma visão que permeia boa parte do raciocínio jurídico-penal dos tempos modernos. Uma ideia utilitarista de processo. Uma ideia que acaba por observar o processo penal apenas como o aríete capaz de agilizar o procedimento, e não aquele filtro capaz de conduzir a verdade possível e válida, a partir de um clima de equilíbrio e ponderação, capaz de alcançar a justiça respeitando garantias, de forma eficiente.

A grande dificuldade, em nosso ver, reside aqui. Reside numa certa mudança de mentalidade, na capacidade de enfrentar os contun-

---

[1] Doutor em CiênciasJurídico-Criminais pela Faculdade de Direito da Universidade de Coimbra. Decano e Professor da Escola de Direito da Unisinos e da Escola Superior da Magistratura do Rio Grande do Sul. Advogado Criminalista.

dentes problemas penais de forma serena e frontal, sem perder a capacidade de, em meio ao conflito jurídico, perceber a necessidade de manutenção de garantias, a fim de alcançar a justiça de maneira eficiente. Ou seja, uma mentalidade que tenha a capacidade de ligar, de forma evidente, as ideias de eficiência, de garantias e de justiça, sem as quais o processo penal acabará por carecer de uma legitimidade maior. Ou como disse Ferrajoli:

> Um sistema penal é justificado se, e somente se, minimiza a violência arbitrária da sociedade. E atinge tal objetivo à medida que satisfaz as garantias penais e processuais penais do direito penal mínimo. Estas garantias se configuram, portanto, como outras condições de justificação do direito penal, no sentido que somente a atuação destas vale para satisfazer-lhes os objetivos justificantes.[2]

Infelizmente, o que se observa, não raro, é a incapacidade de relacionar eficiência com a ideia de justiça. Isso se dá por culpa dos próprios operadores e trabalhadores do direito, que acabaram por tomar essa ideia apenas sob um viés utilitarista ou funcionalista mais exacerbado. A nossa ideia é a verificação da eficiência a partir de um fundamento (a relação onto-antropológica), de uma função (a proteção subsidiária dos bens jurídicos mais importantes) e de uma finalidade (o alcançamento da justiça e da paz jurídica). A partir daí, com o equilíbrio e a presença desses requisitos, poder-se-ia falar de eficiência legítima em direito penal. E, por conseguinte, poder-se-ia falar também da repercussão da eficiência em processo penal.

Mas, aqui, isso ocorreria pela ligação fundamental entre essa hélice tríplice, formada pelas ideias de garantia, de justiça e de eficiência. Quando em processo penal estivermos diante da conjunção desses predicados, que não se podem separar sob pena da perda de legitimidade e densidade axiológicas, poder-se-á falar em maior eficiência do processo penal.

Trata-se, pois, de trilhar um caminho difícil, porém necessário, capaz de fortalecer garantias e direitos fundamentais, com os pés firmemente estabelecidos na realidade do presente, mas sem perder a capacidade de manter antigas conquistas e de olhar para o futuro, com os desafios que se apresentam ante o direito penal e o processo penal dos tempos atuais.

O caminho não será fácil, conforme se referiu, ante aquela visão que está enraizada em boa parte do pensamento jurídico-penal. Observemos, por exemplo, o que escreveu Laborinho Lúcio acerca do projeto de revisão do Código de Processo Penal de Portugal: "o projecto de revisão caminha ao arrepio dos próprios tempos, acentuando a vertente dos direitos individuais, nomeadamente no que respeita aos direitos

---

[2] FERRAJOLI, Luigi. *Direito e razão*: teoria do garantismo penal. São Paulo: RT, 2006. p. 318.

da defesa, em detrimento da eficácia e das soluções a esta vulgarmente ligadas".[3] Essa visão, numa dimensão mais lata, tende a vislumbrar as garantias constitucionais como meros obstáculos para a realização da justiça. As garantias colocadas como um impeditivo para a afirmação da justiça e do próprio Estado Democrático de Direito. Uma visão que, talvez, mesmo sem intenção, acaba por significar uma forma de fragilização de garantias e de desconsideração de fórmulas essenciais para um processo penal acusatório e autenticamente democrático.[4]

Como referiu Costa Andrade, o momento atual e as últimas reformas legislativas se caracterizam, essencialmente, pela "redução e neutralização de garantias de defesa; multiplicação, em número e em potencial de lesividade e devassa, dos meios institucionalizados de intromissão nos direitos fundamentais; deslocação das linhas de equilíbrio normativo do lado da liberdade, da autonomia e da dignidade, para o lado da segurança; do lado da justiça da 'superioridade ética do Estado' (EB Schmidt), para o lado da eficácia e da *Funktionstütikeit der Strafrechtspflege*; do argüido para a ordem, a reafirmação da validade das normas e, aqui e ali, os interesses da vítima. Este é seguramente um dos *metacodes* centrais que facilmente se poderá referenciar por detrás da generalidade das novas soluções normativas no domínio do processo penal".[5] Eis um fato inegável, a tendência de apequenamento de garantias, sob o pretexto de combater novas formas de criminalidade. Tudo isso, como se a criminalidade mais grave, a que mais afeta aquela relação onto-antropológica de cuidado de perigo, não fosse ainda aquela criminalidade mais tradicional, com a violação da vida, da integridade física, da liberdade e do patrimônio das pessoas.

Deve-se, portanto, fazer uma distinção entre uma eficiência "ideal" e a eficiência meramente instrumental pretendida pelos tempos atuais. A primeira há de ser vista dentro do contexto que expressamos, numa unidade de sentido equilibrada pela busca da justiça e da

---

[3] LÚCIO, Laborinho. "Processo penal e consciência colectiva." In: MONTE, Mário Ferreira et al. (Org.). *Que futuro para o direito processual penal?* Coimbra: Coimbra Editora, 2009. p. 148.

[4] E aí não podemos esquecer, mais uma vez, as afirmações de Figueiredo Dias, lembrando Henkel e João Mendes, de que o direito processual penal nada mais é do que o "direito constitucional aplicado" (Henkel) e de que "As leis do processo são o complemento necessário das leis constitucionais; as formalidades do processo são actualidades das garantias constitucionais" (João Mendes), para concluir que "Daqui resultam, entre outras, as exigências correntes: de uma estrita e minuciosa regulamentação legal de qualquer indispensável intromissão, no decurso do processo, na esfera dos direitos do cidadão constitucionalmente garantidos; de que a lei ordinária nunca elimine o núcleo essencial de tais direitos, mesmo quando a Constituição conceda àquela lei liberdade para os regulamentar de proibição de provas obtidas com violação da autonomia ética da pessoa, mesmo quando possa consintida naquela". DIAS, Jorge de Figueiredo. *Direito processual penal*. Coimbra: Coimbra Editora, 2004. p. 74-75.

[5] ANDRADE, Manuel da Costa. "Métodos ocultos de investigação (*plädoyer* para uma teoria geral)." In: MONTE, Mário Ferreira et al. (Org.). *Que futuro para o direito processual penal?* Coimbra: Coimbra Editora, 2009. p. 528.

paz jurídica, temperada pela função de proteção dos bens jurídicos, o que é próprio de uma concepção mais liberal. Outra é aquela eficiência meramente instrumental e que repercute, de forma direta, no processo penal, uma eficiência própria de um sistema jurídico despreocupado com certas garantias que foram conquistadas com sacrifícios e adversidades, quando não com o próprio sangue dos cidadãos. Essa eficiência pretende vulgarizar garantias em detrimento do "combate à corrupção e ao crime", de forma a "reduzir a criminalidade" e a "sensação de impunidade".

Trata-se de uma fortíssima e sedutora ideia que credita à eficiência funcional ou instrumental a redução da criminalidade e a celeridade processual. Na verdade, a realidade demonstra que, de forma paralela e, talvez, mais forte, o que se diminui é a pletora de garantias que deveria ser a característica fundamental de um Estado Democrático de Direito no século XXI, e não a criminalidade, bastando para isso se observar as taxas de encarceramento e, contraditoriamente, as taxas de criminalidade do Brasil, já referidas. O que se vê, de fato, é uma explosão da intervenção penal em certas áreas, com a contínua despreocupação penal em outras áreas, tudo agravado pela utilização do processo penal como um mecanismo sem densidade valorativa, sem cerne, de forma fraca e pobre do ponto de vista das garantias fundamentais.

No entanto, em que pese a capacidade de sedução desse pensamento, próprio do senso geral comum, é preciso entender que uma ideia assim não tende a dar equilíbrio ao sistema jurídico-penal. Ao contrário, uma ideia assim causa ainda mais impunidade, pois impulsiona o descumprimento de formalidades processuais que possuem razão de existência e que objetivam dar racionalidade e ponderação ao sistema. Essa ideia de processo penal acaba por gerar um conflito pontual dentro das controvérsias judiciais, expondo a ausência de densidade das discussões jurídicas, posto que não se aplica muitas vezes o conteúdo de garantias constitucionais e, tampouco, enfrentam-se com veemência as violações de normas legais e o *deficit* de aplicação do texto constitucional. Via de regra, quanto mais esse discurso está impregnado na atividade jurisdicional, mais garantias são violadas, principalmente nas instâncias iniciais de julgamento, por magistrados mais sensíveis aos apelos populares e mediáticos. Como resultado, o que se tem é um *deficit* de garantias. Um *deficit* que resulta em processos expeditos e prontos, mas que não se legitimam do ponto de vista dos princípios e da Constituição, motivo pelo qual acabam anulados ou extintos, em determinadas situações. E isso acaba por resultar num aumento da sensação de impunidade, ao menos para o senso geral comum, pois se tem a sensação de que os tribunais superiores julgam de forma mais tênue e fraca, quando, na verdade, estão a cumprir a sua razão de existência, de zelar pela uniformidade da jurisprudência e pelo respeito à Constituição. O papel que se lhes cabe não é o de realizar "justiçamentos" ou de atender ao clamor popular, muitas vezes, os maiores inimigos da Justiça e da Eficiência. Mas, sim, o de fazer justiça dentro dos limites da Constituição. E tudo isso é deletério para a democracia, pois se passa a ver o conteúdo das garantias fundamentais como um mecanismo de impedimento da aplicação da justiça, quando o que ocorre é justamente o contrário, o conteúdo das garantias existe para dar legitimidade e eficiência à justiça e a sua aplicação.

Trata-se, pois, de uma inversão acerca da ligação entre eficiência, justiça e garantias. Na prática, muitas vezes o que se depreende é a ideia de que as garantias impedem a afirmação da justiça, barram condenações criminais e repelem a aplicação de penas, tornando ineficientes sanções penais e à afirmação do direito. Uma inversão completa dessa relação. Na realidade, só se alcança justiça de fato com uma decisão que respeita garantias. Assim haverá uma decisão justa e legítima e, por conseguinte, uma decisão eficiente, que observou ou recompôs uma relação onto-antropológica de cuidado de perigo, procurou proteger um bem jurídico com densidade penal e atingiu aquela finalidade da justiça ou paz social, a partir de uma ideia de ponderação, equidade, equilíbrio, medianidade. A questão processual necessita ser reordenada, sob pena de sermos os responsáveis pela estruturação de um processo penal que, sob o manto da busca da verdade e da justiça, nada mais faça do que praticar a injustiça, ao desrespeitar garantias fundamentais e desconsiderar uma ideia saudável de eficiência. Não é e não pode ser tal o nosso compromisso, sob pena de perversão de todos aqueles valores e garantias que nos foram legados com sacrifícios, lutas e adversidades. Não podemos implementar ou manter um processo penal que seja o carrasco de garantias conquistadas após grandes asperezas e dificuldades.

Por isso, entendemos que essa hélice tríplice formada pela eficiência, justiça, garantias, deve estar em equilíbrio.[6] Ainda que se trate de um equilíbrio frágil, há de haver equilíbrio. Um equilíbrio que esteja atento, sempre, para essas ideias que não podem ser separadas, sob pena de enfraquecimento da legitimidade do processo penal.

Isto é, sem garantias não haverá justiça e eficiência legítima, sem justiça não há eficiência, sem eficiência não há garantias ou justiça. E, sem garantias, eficiência e justiça, não há legitimidade dentro do contexto de um Estado democrático de Direito. Por certo que haverá

---

[6] A expressão hélice tríplice não é nossa, mas a tomamos emprestada de Henry Etzkowitz, na sua obra *Universidade-indústria-governo, inovação em movimento*. ETZKOWITZ, Henry. *Universidade-indústria-governo, inovação em movimento*. Porto Alegre: EdiPucrs, 2009.

aqui algum reparo, capaz de opor ou advertir que esse equilíbrio não será fácil. Por certo que não. Embora as garantias estejam expressas nas normas e nas Constituições democráticas, como aquelas de Portugal e de Brasil, a sua implementação prática dependerá, por certo, da capacidade dos tribunais de institucionalizarem juridicamente o texto constitucional e infraconstitucional. Dependerá da capacidade de se vislumbrar a eficiência a partir daquela ideia onto-antropológica, capaz de robustecer garantias. Dependerá de uma ideia de justiça como equilíbrio, como ponderação garantista, como equidade, como razoabilidade, como medianidade. Não é fácil, pois, esse equilíbrio. No entanto, ele é fundamental para a construção de um processo penal legítimo. E, importa ressaltar, esse equilíbrio não será feito de pesos iguais entre a justiça, a eficiência e as garantias.

Isso em razão de que não há justiça sem garantias. Uma decisão justa sem o respeito pelas garantias perde a legitimidade. E, aqui, não falamos da legitimidade popular, o anseio do povo, a fome e a sede de Justiça. Não. Essa justiça, desprovida de forma, de ponderação e de racionalidade, não raro é a própria vingança travestida de ideário nobre. Num Estado Constitucional e Democrático de Direito, a justiça judicial não se há de fazer sem formas. O contrário é a burla e a opressão. Assim, para que um processo seja eficiente e justo, ele não poderá prescindir de garantias. De garantias, que são autênticas conquistas de um Estado Democrático de Direito e que não podem ser desprezadas. Falamos, assim, da presunção de inocência, da ampla defesa, do contraditório, do devido processo legal, da intimidade e da privacidade e do sigilo profissional, do direito ao silêncio, da oralidade, da publicidade. Tais garantias não devem ser desprezadas sob o pretexto de alcançar a verdade e a justiça a qualquer preço. Na realidade jurisdicional, entretanto, não é raro que, sob a afirmação da "proporcionalidade", boa parte dessas garantias estejam a ser violadas e diminuídas concretamente. Aí se dá um contrassenso, pois justamente pela ideia de "proporcionalidade e ponderação" se está a decidir de forma não razoável e imponderada, fragilizando-se garantias em nome da comodidade da investigação, numa inversão absoluta dos valores processuais, ficando o conteúdo das garantias fundamentais em segundo plano.

A realidade que nenhum sistema é capaz de esconder é que vem sendo uma constante, nos ordenamentos jurídicos de Portugal e Brasil, um certo desfalecimento dessas garantias, em razão de um incremento acentuado das prisões cautelares (especialmente no Brasil), das interceptações telefônicas, das quebras de sigilo, das figuras dos agentes infiltrados, ocultos e provocadores, da introdução de meios de obtenção de prova e investigação invasivos, bem como da ideia forte de inexistência de nulidades sem o reconhecimento de prejuízos concretos.

E esses desfalecimentos vêm gerando mais e mais impunidade, em razão da insegurança jurídica decorrente da restrição desarrazoada de garantias. Estamos a tratar, pois, do ponto mais saliente e relevante dessa tríade, sem o qual justiça e eficiência não subsistem. Importa, pois, mostrar que num contexto assim, de um sistema que objetiva a justiça e a paz jurídica de forma eficiente, impõe-se como fundamental e preponderante, a ideia de garantias. A garantia dá estabilidade ao sistema. Por seu maior peso, a garantia há de ser preservada num patamar mais altaneiro, ainda que uma decisão que a preserve custe uma postergação da justiça, da verdade e da paz. Isso em razão de que não haverá paz e justiça sem o respeito pela formalidade racional e essencial das garantias. Com isso, não estamos a propor o absolutismo de princípios constitucionais. Não. O que estamos a propor é a refutação da relativização absoluta dos princípios como se tem visto na prática judicial desses países, o que está expresso na relativização da presunção de inocência, da intimidade, do contraditório, da ampla defesa, do devido processo etc. Só desse modo é que os direitos e garantias fundamentais serão preservados.

Na atualidade, uma certa compreensão de compensação e sopesamento dos princípios vem esgaçando o conteúdo das garantias, mormente em razão de um tremendo apelo da mídia e de uma tendência populista do legislador penal. As garantias, assim, passam de uma condição de estabilizadoras do sistema, para meros obstáculos. Numa perspectiva psicológica, o *superego* representado pelas garantias vem sendo esmagado pelo *id* da justiça, num desequilíbrio que vem se estabilizando no sentido da refutação e da fragilização de princípios fundamentais. Um caminho que se sabe como começa, mas não se sabe onde poderá terminar, ainda mais numa sociedade esquecida dos sacrifícios do passado para o alcançamento dessas mesmas garantias.

Mas, se tudo isso é verdade, não se pode esquecer de que o sistema penal e processual penal deverá ter uma eficiência mínima e republicana, com órgãos de investigação e acusação independentes e equidistantes, com magistrados que preservem a sua imparcialidade e distribuam a justiça num tratamento igualitário das partes. Assim, um sistema ineficiente, que esqueça a busca da justiça e da paz jurídica, que descambe pela ausência de proteção dos bens jurídicos mais relevantes na seara penal, não é um sistema legítimo, pois não encontrará nem respaldo democrático e popular para se manter hígido e tampouco resguardo constitucional, já que a justiça é um fim fundamental de um direito democrático. Da mesma forma, esse processo penal deverá ter sempre no seu norte a busca da justiça e da paz jurídica, sem desconsiderar das garantias, da relevância e da densidade dos bens jurídicos, da relação onto-antropológica de cuidado de perigo. Haverá, assim, eficiência nesse sistema. Ou, ao menos, uma prática que se alberga também numa eficiência legítima, com um fundamento claro, uma função específica e uma finalidade íntegra. Portanto, o fim do processo também é alcançar a justiça e a paz jurídica. Afastando-se por completo dessa ideia, o processo passa a ser também um instrumento de proteção de determinadas parcelas da sociedade, capazes de construir uma plêiade de leis processuais penais que impossibilitem ou obstaculizem, por completo, a realização da justiça. E isso também não se pode permitir, pois então se deixa escapar a ideia de justiça e de paz jurídica, decaindo a eficiência do próprio sistema processual.

Por fim, a justiça se apresenta como um fim absolutamente necessário e legítimo do direito penal e do próprio processo penal. Mas não uma justiça a qualquer preço. Uma justiça desabrida, demagógica, populista, eleitoreira e esquecida da razão. Uma justiça que não é justiça, mas mero "justiçamento". Não se fará justiça, como já se referiu, sem respeito pela garantias e tampouco será fácil alcançar a justiça sem eficiência. A justiça, como foi visto, aquela ideia de decisão razoável, ponderada, equilibrada, serena, construída de forma equitativa, não se realiza sem um processo com garantias plenas, asseguradas na Lei e na prática judicial. Por certo que, aqui e ali, a busca da justiça obrigará a restrição de garantias, mas que isso não seja uma carta branca para a generalização das restrições da liberdade antes do trânsito em julgado, para a introdução de meios invasivos de prova como regra, para a perversão absoluta da intimidade como primeiro mecanismo da investigação, muitas vezes, com base em depoimentos anônimos e muito menos para a adoção de interpretações redutoras das garantias conquistadas com sacrifícios históricos. Que a justiça se alcance num processo eficiente, respeitador das garantias, ponderado e racional.

Por conseguinte, essa noção de hélice tríplice nos parece capaz de mover, com equilíbrio, o sistema processual penal. É bem verdade que, nessa relação entre justiça, eficiência e garantias, devem preponderar as últimas. Sem garantias não haverá decisão justa num processo eficiente. Ao contrário, haverá aí um gravíssimo *deficit* de legitimidade, que tenderá, cada vez mais, a se aprofundar, agudizando o cerceamento das liberdades e a destruição da intimidade e da vida privada. Essa, assim quer nos parecer, lamentavelmente, é uma tendência dos pueris tempos atuais. Uma tendência de fragilização de garantias. Como referimos, essa tendência aprofundará, cada vez mais, a insegurança jurídica do sistema e inclusive reforçará um ciclo criminoso decorrente do aumento da carcerização, mormente para as populações mais desassistidas.

Não se desconsidera que tal equilíbrio não será fácil, mormente em razão de uma pugna constante entre o anseio de liberdade e a vontade de justiça e segurança. Como diz Flávia Loureiro, quando se trata do processo penal, "por um lado, a sua actuação é exigida, e com graus de celeridade e eficiência até aí não pensáveis sequer, em campos para os quais, na grande maioria das vezes, não está preparado para agir, nem é fácil fazê-lo sem interferir na esfera da liberdade de cada um; por outro, é chamado a consegui-lo, ainda assim, com respeito por um núcleo intangível de direitos e liberdades que não pode suportar-se ver afectado, sob pena de se descaracterizar o próprio Estado de Direito".[7]

Esse embate é uma constante inegável, mas que não podemos apartar em extremos inconciliáveis e totalmente dissonantes. A liberdade só se preserva num contexto de justiça e segurança jurídica, com garantias e respeito aos princípios fundamentais do direito penal e do direito processual penal. A liberdade atinge aí a sua maturidade, num contexto assim, com garantias, com justiça, que gera responsabilidade, estabilidade, constância. E a segurança, por sua vez, possui relevância e legitimidade num contexto de liberdade, de forma que tais questões estão imbricadas, posto que ajudam a nortear o que é certo e o que é o errado para o ordenamento jurídico, indicando onde estará a justiça e a injustiça.

A diferença é que aqui se procura estruturar um sistema equilibrado que fomente a ação simultânea da eficiência, da justiça e das garantias, com preponderância para as últimas.

Não se trata, assim, de um mero equilíbrio entre liberdade e defesa social,[8] mas, sim, de estruturar uma noção que atente para todas

---

[7] LOUREIRO, Flávia Noversa. "A (i)mutabilidade do paradigma processual penal respeitante aos direitos fundamentais em pleno século XXI." In: MONTE, Mário Ferreira et al. (Org.). Que futuro para o direito processual penal? Coimbra: Coimbra Editora, 2009. p. 272. Também entendendo o problema básico do processo penal como o equilíbrio entre a eficiente repressão e a garantia dos Direitos Humanos dos arguidos, sejam culpados ou inocentes, leia-se MADLENER, Kurt. "Meios e métodos para alcançar-se no processo penal as metas de 'prazo razoável' e de 'celeridade'. Observações a respeito da Justiça Alemã". In: MONTE, Mário Ferreira et al. (Org.). *Que futuro para o direito processual penal?* Coimbra: Coimbra Editora, 2009. p. 646 Ainda, segundo Kurt Madlener, inúmeros instrumentos estão a surgir para diminuir o número de demandas criminais, tais como o arquivamento de feitos com ou sem imposição de condições, julgamentos abreviados em razão da confissão etc. Ibid., p. 645-670.

[8] Nesse sentido parece argumentar Scarance Fernandes: "São dois os direitos fundamentais do indivíduo que interessam especialmente ao processo criminal: o direito à liberdade e o direito à segurança, ambos previstos no *caput* do art. 5º da CF. Como decorrência deles, os indivíduos têm direito a que o Estado atue positivamente no sentido de estruturar órgãos e criar procedimentos que, ao mesmo tempo, lhes provenham segurança e lhes garantam a liberdade. Dessa ótica, o procedimento a ser instituído, para ser obtido a um resultado justo, deve proporcionar a efetivação dos direitos à segurança e à liberdade. Em outros termos, o direito ao procedimento processual penal consiste em direito a um sistema de princípios e regras que, para alcançar um resultado justo, faça atuar as normas do direito repressivo necessárias para a concretização do direito fundamental à segurança, e assegure ao acusado todos os mecanismos essenciais para a defesa de sua liberdade. De maneira resumida, um sistema que assegure eficiência com garantismo, valores

essas questões sem deixar de colocar sempre à frente a noção de garantias. Colocar a noção de garantias num patamar inferiorizado pode ser o primeiro passo para um sistema invertido e fraco do ponto de vista dos direitos fundamentais da pessoa humana. Sem contar que, a médio e longo prazo, essas tendências de fragilização de garantias tendem a se vulgarizar, de forma a tornar uma regra aquilo que deveria ser uma exceção, como uma prisão cautelar, uma interceptação telefônica, uma quebra de sigilo, por exemplo.

E, com o máximo respeito, não é isso o que se almeja. O que o presente estudo almeja e pretende é demonstrar como a eficiência opera como critério de otimização da legitimidade em direito penal e que repercute sobre o processo penal. Como essa ideia, que não é irrelevante, pode repercutir de forma densa sobre o processo penal, assegurando justiça, preservando garantias e tornando mais eficiente e legítimo o sistema em que estamos a trabalhar.

E é aí que se coloca o relevante tema dos agentes infiltrados, encobertos e provocadores. Um mecanismo com notável capacidade de invasão da intimidade do investigado, como também capaz de expor à

---

fundamentais do processo penal moderno". FERNANDES, Antônio Scarance. "Reflexões sobre as noções de eficiência e de garantismo no processo penal". In: FERNANDES, Antônio Scarance; ALMEIDA, José Raul Gavião de; MORAES, Maurício Zanóide de (Org.). *Sigilo no processo penal, eficiência e garantismo*. São Paulo: Revista dos Tribunais, 2008. p. 9-10. Na mesma linha: GRINOVER, Ada Pellegrini. *O processo em evolução*. Rio de Janeiro: Forense, 1996. Não se pode deixar de apontar, como relevante, a distinção de Scarance Fernandes acerca da "eficiência do processo" daquela "eficiência no processo penal". Assim, segundo Scarance Fernandes, a "eficiência no processo ou eficiência da relação jurídica leva em conta principalmente a eficiência na atuação dos sujeitos processuais, ou seja, a eficiência na atuação do juiz, do promotor ou querelante, do acusado e de seu defensor. Já a eficiência dos atos que o compõem, quando vistos principalmente na sequencia que devem seguir". Já no que diz respeito àquela eficiência correlata à finalidade do processo, existiriam três posicionamentos. Um "atribui ao processo penal a finalidade de assegurar a defesa do acusado. Sustenta que, historicamente, o processo penal se afirmou como instrumento necessário para evitar que se impusesse a alguém uma pena sem que pudesse defender-se. Seria, então, eficiente o processo que assegurasse ao acusado os meios para o exercício de sua defesa, de modo a impedir condenações injustas. Para outra corrente, a finalidade do processo é permitir aos órgãos da persecução a apuração da verdade e a punição dos autores de infrações penais. Essa posição dá maior predominância à acusação do que à defesa do acusado, pois eficiente seria o processo que permitisse aos órgãos da persecução penal a apuração dos fatos criminosos e a condenação dos seus autores. Finalmente, terceira posição entende que a finalidade do processo penal é a obtenção de um resultado justo que se legitime pelo procedimento adequado. Deve equilibrar as posições das partes, sem dar predominância a qualquer delas, procurando compensar eventuais desigualdades naturais ou jurídicas entre elas. Eficiente, nessa ótica, é o processo justo que assegure a ambas as partes os exercícios de seus direitos e as proteja com as garantias constitucionais". Ibid., p. 24-25. Sem esquecer que, para Scarance Fernandes, a eficiência no processo penal "é a capacidade de um ato, de um meio de prova, de um meio de investigação, de gerar o efeito que dele se espera". Ibid., p. 25. Em que pese a respeitabilidade desses posicionamentos, não podemos concordar com o fato de que a eficiência se veja nesses prismas. Para nós, não cansamos de repetir, ela há de ser vista numa unidade de sentido entre as ideias de justiça, paz jurídica, proteção de bens jurídicos e manutenção ou refazimento da relação onto-antropológica de cuidado de perigo. O que repercute também sobre o processo penal, no instante em que a eficiência deve também ser vista num contexto de equilíbrio com a justiça e com as garantias.

riscos não desprezíveis os próprios agentes. Um tema, pois, que merece ser avaliado com o merecido cuidado e apuro.

A Lei 12.850/2013, nesse tópico, se colocou como notável avanço, pois tratou de maneira mais pormenorizada do assunto. É, pois, tal nódulo problemático do processo penal que pretendemos enfrentar no presente artigo.

2. O agente infiltrado ou encoberto

A legislação brasileira prevê expressamente, em determinadas situações, a utilização de agentes infiltrados para a apuração de ilícitos penais.[9]

Segundo a Lei 12.850/2013, a infiltração de agentes de polícia em tarefas de investigação, representada pelo delegado de polícia ou requerida pelo Ministério Público (a lei dispõe que os pedidos conterão a demonstração da necessidade da medida, o alcance das tarefas dos agentes e, quando possível, os nomes ou apelidos das pessoas investigadas e o local da infiltração), após manifestação técnica do delegado de polícia quando solicitada no curso de inquérito policial, será precedida de circunstanciada, motivada e sigilosa autorização judicial, que estabelecerá seus limites. A Lei ainda dispõe, no § 1º do art. 10, que na hipótese de representação do delegado de polícia, o juiz competente, antes de decidir, ouvirá o Ministério Público, o que também é relevante, para que a legalidade e necessidade da medida seja devidamente apurada.

---

[9] A Lei 9.034/95, por exemplo, que tratava da utilização de meios operacionais para prevenção e repressão de ações praticadas por organizações criminosas, previa, no inciso V, do art. 2º, que em qualquer fase da persecução criminal são permitidos, sem prejuízo dos já previstos em lei, os seguintes procedimentos de investigação e formação de provas: [...] "V – infiltração por agentes da polícia ou de inteligência, em tarefas de investigação, constituída pelos órgãos especializados pertinentes, mediante circunstanciada autorização judicial. Parágrafo único. A autorização judicial será estritamente sigilosa e permanecerá nesta condição enquanto perdurar a infiltração". Também prevê a infiltração, por exemplo, a Lei 11.343/06, que trata dos crimes relacionados às drogas, dispondo, o art. 53 do referido diploma legal, que "em qualquer fase da persecução criminal relativa aos crimes previstos nesta Lei, são permitidos, além dos previstos em lei, mediante autorização judicial e ouvido o Ministério Público, os seguintes procedimentos investigatórios: I – a infiltração de agentes de polícia, em tarefa de investigação, constituída pelos órgãos especializados pertinentes". E, especialmente, a Lei 12.850/2013, que trata das organizações criminosas e dos meios de obtenção de prova para a sua investigação dispõe como se dará a infiltração e quais os direitos dos referidos agentes. Entretanto, muito pouca é a reflexão acerca da repercussão constitucional desses institutos. E muito pouca também é a repercussão da efetiva infiltração de agentes em tais situações. Isso tudo a revelar a pouca densidade do instituto na realidade brasileira, bem como a insegurança jurídica dele decorrente, em razão da atuação do agente infiltrado. Contudo, impõe-se aqui a reflexão sobre a legitimidade desse procedimento, violador não raro da garantia da intimidade, bem como postado numa linha limítrofe com a figura do agente provocador, repelida pela jurisprudência.

Do mesmo, no § 2º do referido artigo se prevê que só será admitida a infiltração se houver indícios de infração penal de que trata o art. 1º (organização criminosa) e se a prova não puder ser produzida por outros meios disponíveis, o que denota claramente a adoção de critérios de subsidiariedade e proporcionalidade da medida, no sentido da proteção das garantias fundamentais, e não da sua violação, como tantas vezes se observa.

Porém, há na lei outras tantas fragilidades, como a previsão de seis meses de infiltração, sem limite máximo, desde que haja comprovação da necessidade da medida. Ora, qualquer lei restritiva de direitos fundamentais deve ter limites objetivos, inclusive temporais, sob pena de se entregar ao completo arbítrio da casualidade, travestida de "comprovada necessidade", a fronteira da referida medida, que é altamente invasiva. O que é "comprovada necessidade"? Uma definição aberta, instável, que não aponta um limite objetivo e formal para a referida medida. O correto seria estabelecer um limite legal objetivo para o tempo de infiltração. Sabe-se que não estabelecer um limite objetivo é abrir a porta para o arbítrio judicial e o ativismo, que tantos malefícios podem trazer à prestação jurisdicional.

A lei dispõe, por óbvio, a preservação da identidade do agente e que as informações quanto à necessidade da operação de infiltração serão dirigidas diretamente ao juiz competente, que decidirá no prazo de 24 (vinte e quatro) horas, após manifestação do Ministério Público na hipótese de representação do delegado de polícia, devendo-se adotar as medidas necessárias para o êxito das investigações e a segurança do agente infiltrado.

A Lei prevê ainda que a defesa só terá acesso às informações com a denúncia do Ministério Público e que se houver risco ao agente infiltrado a operação será sustada mediante requisição do Ministério Público ou pelo delegado de polícia, dando-se imediata ciência ao Ministério Público e à autoridade judicial.

A lei dispõe que o agente que não guardar, em sua atuação, a devida proporcionalidade com a finalidade da investigação, responderá pelos excessos praticados. E ainda prevê que não será punível, no âmbito da infiltração, a prática de crime pelo agente infiltrado no curso da investigação, quando inexigível conduta diversa.

Por fim, a norma refere os direitos do agente infiltrado: I – recusar ou fazer cessar a atuação infiltrada; II – ter sua identidade alterada, aplicando-se, no que couber, o disposto no art. 9º da Lei nº 9.807, de 13 de julho de 1999, bem como usufruir das medidas de proteção a testemunhas; III – ter seu nome, sua qualificação, sua imagem, sua voz e demais informações pessoais preservadas durante a investigação e o processo criminal, salvo se houver decisão judicial em contrário; IV – não ter sua identidade revelada, nem ser fotografado ou filmado pelos meios de comunicação, sem sua prévia autorização por escrito.

Em que pesem os avanços inegáveis, em decorrência de uma maior delimitação da matéria, a lei impõe uma série de questionamentos acerca desse meio de obtenção de provas, especialmente quando se faz uma análise a partir de outros quadrantes.

Na Alemanha, como salienta Costa Andrade, atual Presidente do Tribunal Constitucional de Portugal, há uma tendência de aceitar as informações de um agente infiltrado, diferentemente do que ocorre no direito americano.[10] E também há uma generalizada tendência dos testemunhos de "ouvir dizer".[11]

No entanto, não se pode negar que a utilização do agente infiltrado ou do agente encoberto, nem de longe, alcançou a "popularidade" prática do agente provocador ou daquela situação que se pode afirmar de flagrante esperado, na qual "não há intervenção de terceiros na prática do crime, mas informação de sua existência".[12]

Em primeiro lugar, relevante é que não se confundam as figuras do agente infiltrado e do agente encoberto. Segundo Polastri Lima, o agente infiltrado é o que oculta sua identidade e sua qualidade para fins de obtenção de provas com o intuito de incriminar o suspeito, de forma a ganhar sua confiança e, assim, passar a fazer observação, passar informações. Já o agente encoberto atua em passividade, ficando na espreita, a fim de obter informações e provas.[13]

Como diz Aires de Sousa, a doutrina e a jurisprudência têm distinguido as figuras do agente provocador e do agente infiltrado. O agente infiltrado é uma técnica de investigação que consiste, essencialmente, na possibilidade de agentes da polícia criminal ou terceiros sob a sua

---

[10] ANDRADE, Manuel da Costa. *Sobre as proibições de prova em processo penal*. Coimbra: Coimbra Editora, Reimpressão, 2006. p. 163-164.

[11] Ibid.p. 165.

[12] OLIVEIRA, Eugênio Pacelli de. *Curso de processo penal*. 13. ed. Rio de Janeiro: Lúmen Juris, 2010. p. 517. Embora a doutrina e a jurisprudência venham aceitando a legalidade do flagrante esperado, relevante é a crítica de Eugênio Pacelli de Oliveira, pois afirma, com razão, ao menos em nossa perspectiva, que mesmo numa situação em que a polícia apenas espera a ocorrência do delito, ela também estará, de antemão, evitando a consumação do delito. Dessa forma, não nos parece apropriada a diferenciação que se faz de flagrante preparado e flagrante esperado, com base na eventual passividade da atuação policial. Em ambos os casos, a polícia terá total possibilidade de evitar a consumação. Essa não parece ser a diferença. E, o mais grave, é que, assim, ao invés de manter intocada uma relação onto-antropológica de cuidado de perigo e de proteger um bem jurídico, muitas vezes o que se dá é a espera da lesão, da ofensa, para, só após, o Estado passar a agir, sob os auspícios de uma visão utilitarista e eficientista de processo, que não se coaduna com um ideário equilibrado e ponderado, capaz de congregar justiça, garantias e eficiência.

[13] LIMA, Marcellus Polastri; AMBOS, Kai. *O processo acusatório e a vedação probatória perante as realidades alemã e brasileira*. Porto Alegre: Livraria do Advogado, 2009. p. 166.

direcção contactarem os suspeitos da prática de um crime com ocultação de sua verdadeira identidade, atuando de maneira a impedir a prática de crimes ou a reunir provas que permitam a efetiva condenação dos criminosos. O agente provocador é definido como "membro da autoridade policial ou um civil comandado pela polícia, que induz outrem a delinquir por forma a facilitar a recolha de provas da ocorrência do facto criminoso". Ou seja, o agente provocador impulsiona o suspeito à prática de atos ilícitos, agindo, por exemplo, como comprador ou fornecedor de bens o serviços ilícitos. O agente infiltrado limita-se a ganhar a confiança do suspeito, para ter acesso a informações, planos, confidências.[14]

Como referimos anteriormente, os tempos atuais são generosos na propositura desses meios invasivos de investigação. E, nesses tempos modernos, o método do agente infiltrado ou encoberto vem sendo, cada vez mais, defendido pelos órgãos de investigação criminal e de persecução criminal, em que pese a dificuldade de sua operacionalidade prática, até mesmo para garantir a segurança, a integridade e a intimidade desses agentes.

E não apenas são defendidos por esses órgãos, como passaram a ser incluídos em boa parte das legislações processuais penais. Basta ver, por exemplo, os casos de Brasil, Portugal e Alemanha.[15]

Tudo isso é fruto de um pensamento que acaba por unir, muitas vezes, numa névoa de confusão, investigações com ou sem garantias mínimas. É como se o "combate ao crime" colocasse os órgãos de investigação e seus direitos num patamar moral de superioridade, em detrimento dos direitos de garantia. E, sob a alegação de combater "o terrorismo", "a criminalidade organizada", "o tráfico de drogas", "a criminalidade econômica", esses meios invasivos, cada vez mais, são colocados ao dispor dos órgãos de investigação, ainda que por vezes se trate de crimes sem qualquer violência ou grave ameaça.

O risco indelével que aqui se corre é o de erigir uma categoria ou espécie de meio de prova, absolutamente violadora da intimidade e, portanto, refratária, no seu âmago, àquelas ideias mais caras acerca de garantias fundamentais que antes referimos.

A figura do agente infiltrado não apenas pode violar uma regra básica de confiança entre as pessoas, mas introduz, na investigação criminal, uma prática capaz de obter "provas" advindas de invasões sem precedentes da intimidade, desde confissões "caseiras", até a obtenção

---

[14] SOUSA, Susana Aires de. "*Agent Provocateur* e meios enganosos de prova. algumas reflexões". In: LIBER Discipulorum para Jorge de Figueiredo Dias. Coimbra: Coimbra Editora, 2003. p. 1222-1223.

[15] Em Portugal, as investigações encobertas estão principalmente na Lei 101/2001 e na Lei 5/2002. Na Alemanha, especialmente no Código de Processo Penal.

não autorizada de provas dentro dos espaços de intimidade dos suspeitos. Uma forma grave de obtenção e "fabricação" de provas.

Ademais, a figura do agente infiltrado suscita uma série de dificuldades para a própria eficiência e estabilidade das investigações que a nossa lei, em que pese ter feito avanços, não responde com objetividade e clareza. Até que ponto poderia agir o agente infiltrado? E se cometesse delitos? Seria responsabilizado ou atuaria sob o abrigo de uma excludente ou justificante (embora a lei fale em inexigibilidade de conduta diversa, a questão está longe de ser pacificada. Será que é lícito um agente da lei delinquir para combater o delito? É isso o que a sociedade quer?). Seus atos de colaboração com os criminosos seriam responsabilizados ou não?[16] Haveria um sem fim de interrogações, cuja prática da dogmática atual ainda não conseguiu responder e, talvez, sequer possa ou consiga responder.

É preciso reconhecer que essa figura pode ser absolutamente instigadora, não raro, da própria prática delitiva. E aí se estabelece, mais uma vez, aquela confusão entre agentes da autoridade e criminosos.

Em muitas ocasiões, a figura do agente infiltrado se confunde com a figura do agente provocador, que é rechaçado pela maioria dos ordenamentos democráticos, já que, muitas vezes, pune ou objetiva punir um crime impossível, que não se consumaria, caso não houvesse a ação decisiva do agente provocador ou infiltrado. Ou seja, o Estado acaba por instigar o delito, e não preveni-lo.

Trata-se, pois, de repelir essa figura quando perverte uma ideia de investigação probatória legal, escorreita, ética, justa e equilibrada. Por certo que alguns dirão: como se poderia falar em ética, em moral, em justiça, entre criminosos?

Mas o fato que se deve realçar está justamente centrado nessa questão. O Estado, para seguir aquela aporia já referida, utilizada por Hassemer, não pode perder a prevalência moral sobre o crime. Utilizar mal a "infiltração" é proceder como os próprios criminosos, usando o ardil, o engodo e a manipulação, como regra de agir. Tudo isso num quadrante histórico em que a pletora de instrumentos em favor do Estado investigador está prodigalizada.

Ora, os meios de investigação, por significarem uma efetiva e contundente violação de direitos fundamentais, em muitas ocasiões, devem

---

[16] No caso de instigação, que se pode dar inclusive por omissão, basta imaginar a criação de um vínculo de confiança entre o agente infiltrado e o suspeito, a responsabilização do instigador não é de se desprezar. Se é verdade que o instigador não teria duplo dolo, de modo que não responderia pelo delito, verdade também é que, para Eduardo Correia e Faria Costa, poderia responder pelo fato criminoso se houvesse dolo eventual. Em SOUSA, Susana Aires de. *"Agent provocateur* e meios enganosos de prova. algumas reflexões". In: *LIBER Discipulorum para Jorge de Figueiredo Dias*. Coimbra: Coimbra Editora, 2003. p. 1226-1227.

ser conduzidos absolutamente de acordo com a Lei, com a Constituição e, acima de tudo, de acordo com os paradigmas de garantias de um Estado Democrático.

Esquecer isso seria o mesmo que estruturar órgãos de investigação e de persecução penal próprios de outros tempos, mais alinhados com o desprezo pelas garantias que estamos a zelar.

Como diz Flávia Loureiro, "de uma outra perspectiva, podemos fazer incidir a nossa lente sobre a utilização de agentes encobertos ou infiltrados, opção comumente apontada como uma das mais importantes – porque das mais eficazes – no combate à criminalidade de alto nível. Desconsiderando, por não caber aqui, a fronteira tênue e de muito difícil concretização entre agente encoberto e agente provocador, alvo sempre de tantas reflexões, teremos que referir ser esta talvez a mais obtusa forma de obtenção de provas no seio do processo criminal, uma das quais invade a esfera do outro, já que faz com que o agente de investigação adentre na vida do cidadão alvo da suspeita , passando a fazer parte dela, com o único fito de conseguir provas que permitam incriminá-lo".[17]

E, acima de tudo, importa repelir a produção e utilização de um meio assim de investigação, em razão da contaminação certa que tal meio acarretará para o direito ao silêncio (art. 5°, LXIII, da CF/88),[18] para a intimidade (art. 5°, X, da CF/88),[19] para o contraditório e para a ampla defesa (art. 5°, LV, da CF/88).[20] Isso em razão da dificuldade evidente de rebater uma prova assim, sem contraditório, sem ampla defesa, própria dos tempos anteriores aos que vivemos, de vigor e plenitude democráticas.

Trata-se, pois, de um método de investigação violador da intimidade e que não se coaduna com uma coleta de material probatório que

---

[17] LOUREIRO, Flávia Noversa. "A (i)mutabilidade do paradigma processual penal respeitante aos direitos fundamentais em pleno século XXI". In: MONTE, Mário Ferreira et al. (Org.). *Que futuro para o direito processual penal?* Coimbra: Coimbra Editora. 2009. p. 280. A Lei portuguesa (101/2001), no seu art. 1°, n. 2, dispõe: "consideram-se ações encobertas aquelas que sejam desenvolvidas por funcionários de investigação criminal ou por terceiro actuando sob o controlo da Polícia Judiciária para prevenção ou repressão dos crimes indicados nesta lei, com ocultação de sua qualidade e identidade". Sobre o tema, SOUSA, Susana Aires de. "'Agent provocateur' e meios enganosos de prova: algumas reflexões". In: *LIBER Discipulorum para Jorge de Figueiredo Dias.* Coimbra: Coimbra Editora, 2003. p. 1207 e ss.

[18] Art. 5°, LXIII, da Constituição Federal de 1988: "o preso será informado de seus direitos, entre os quais o de permanecer calado, sendo-lhe assegurada a assistência da família e de advogado;".

[19] Assim dispõe o art. 5°, X, da Constituição Federal de 1988: "são invioláveis a intimidade, a vida privada, a honra e a imagem das pessoas, assegurado o direito a indenização pelo dano material ou moral decorrente de sua violação".

[20] O art. 5°, LV, da Constituição Federal de 1988 é expresso sobre tais garantias: "aos litigantes, em processo judicial ou administrativo, e aos acusados em geral são assegurados o contraditório e ampla defesa, com os meios e recursos a ela inerentes".

tenha legitimidade, pois absolutamente desprovido de garantias. Não se apresenta, pois, capaz de alcançar a justiça de forma eficiente, devendo ser repelido ante um juízo constitucional que deve tutelar não só a garantia da intimidade e da vida privada, mas também do contraditório, da ampla defesa e do direito ao silêncio.

3. O agente provocador e a Súmula 145 do Supremo Tribunal Federal

Em Portugal, o agente provocador está enquadrado nos métodos proibidos de prova, *sub specie* meios enganosos. Nesse sentido, Costa Andrade, Maria João Antunes, Mário Ferreira Monte. Já para Germano Marques da Silva, a atuação do agente provocador constituiria sempre uma violação do princípio democrático.[21]

No Brasil, na maior parte das vezes, a ação do agente provocador acaba por incidir na Súmula 145 do Supremo Tribunal Federal: "Não há crime, quando a preparação do flagrante pela polícia torna impossível a sua consumação". Trata-se, pois, de conduta repelida pela jurisprudência e pela doutrina. Contudo, na prática, há uma névoa que encobre as figuras do agente encoberto ou infiltrado e do agente provocador. Não é simples, na prática, distinguir, como já referimos, as situações de um flagrante esperado e de um flagrante preparado. Mas, se repelimos, com vigor, as deletérias figuras do agente infiltrado e do agente encoberto, ainda devemos repelir, com mais empenho, a figura do agente provocador. E isso se dá em razão da natural amoralidade desse meio de prova. Uma sistemática invasiva e que nada mais faz do que instigar, em situações propícias, a prática do delito.

Como diz Costa Andrade, "as dificuldades começam logo a ganhar relevo quando se questiona a legitimidade ético-jurídica do procedimento, máxime nas formas mais expostas de *Lockspitzel*. Isto é, em que o homem de confiança se converte em *agent provocateur*, precipitando de algum modo o crime: instigando-o, induzindo-o, nomeadamente, aparecendo como comprador ou fornecedor de bens ou serviços ilícitos. É, na verdade, cada vez mais forte o coro de vozes que, tanto no

---

[21] Tudo em SOUSA, Susana Aires de. "*Agent provocateur* e meios enganosos de prova. algumas reflexões". In: *LIBER Discipulorum para Jorge de Figueiredo Dias*. Coimbra: Coimbra Editora, 2003, p. 1231. No mesmo sentido se inclina a jurisprudência, considerando nulas as provas obtidas mediante provocação. Relevante aqui é recordar a condenação que sofreu o Estado português, por parte do Tribunal Europeu dos Direitos Humanos, por violação do art. 6, § 1º, da CEDH. No caso, dois agentes da PSP contactaram por várias vezes um suspeito de tráfico para financiar seu próprio consumo, esperando conseguir chegar, através dele, a um fornecedor. Tendo chegado ao fornecedor, cujo nome era Teixeira de Castro, este foi preso no acto de venda da droga para os policiais, na casa do primeiro suspeito, após solicitação. Ibid., p. 1232-1233.

direito alemão como americano, contestam abertamente a solvabilidade ético-jurídica desta prática. Aponta-se para a imoralidade do Estado que com uma mão favorece o crime que quer punir com a outra. Acabando, não raro, por atrair pessoas que de outro modo ficariam imunes à delinqüência e potenciando os factores da extorsão, da violência e do crime em geral".[22]

No mais das vezes, o agente provocador "empurra" o agente para a prática delitiva. Aproveita-se de circunstâncias excepcionais, em geral, criadas por ele próprio, para, logo adiante, insuflar o agente para a perpetração do crime.

Há aí uma conduta amoral, pois cria, não raro, um vínculo psíquico, tal qual nos casos do agente infiltrado, entre o provocador e o agente.[23]

O agente provocador, em tal situação, constrói, no mais das vezes, o cenário delitivo. Utiliza-se de um ardil, de um engodo, de um artifício, para induzir o acusado para a prática do delito. Trata-se de uma conduta que atenta contra uma certa equidistância que deveria nortear a postura dos órgãos de investigação, sejam eles policiais ou oriundos do Ministério Público.

Como diz Costa Andrade, citando Müssig e Köhler, no caso do agente provocador, há "em primeira linha a reconformação (Umgestaltung) estratégica do ambiente pessoal. As declarações provocadas não acontecem num ambiente privado apenas carregado com os normais riscos de informação, mas num contexto que foi exclusiva ou decididamente redefinido e modelado por autoridades estaduais de investigação. Trata-se de uma privatização da produção estadual da informação".[24]

Nessa condição, o acusado, sem sombra de dúvida, é flagrado numa situação que lhe é propícia e instigadora do delito. Fragilizado

---

[22] ANDRADE, Manuel da Costa. *Sobre as proibições de prova em processo penal*. Coimbra: Coimbra Editora, Reimpressão, 2006. p. 221 e ss. De forma muito desenvolvida também o tema no direito americano, acerca da ideia de não punição do provocado, em razão da chamada *defense of entrapment*. Ibid., p. 228 e ss.

[23] É verdade, como dissemos, que, no Brasil, o flagrante provocado é repelido formalmente, pois impede, de qualquer modo, a consumação do delito. Basta ver o art. 17 do Código Penal e a Súmula 145 do Supremo Tribunal Federal. O mesmo não se pode dizer das ações dos agentes infiltrados ou encobertos, pois, em geral, a flagrância em tais casos é considerada, comumente, um flagrante esperado. E é aí que se dá o problema, pois, via de regra, a ação do agente provocador é transformada em mera espera do flagrante, de forma que é tornada rarefeita a linha limítrofe entre agente infiltrado ou encoberto e agente provocador. É muito tênue essa linha. Usando uma imagem de Faria Costa, já referida noutro contexto, pode-se afirmar que caminhamos aqui "sobre a linha", perigosamente. Tudo a exigir o afastamento dessas figuras trágicas presentes na investigação criminal.

[24] ANDRADE, Manuel da Costa. "Métodos ocultos de investigação (Plädoyer para uma teoria geral)". In: FRANCO, Alberto Silva *et al*. (Org.). *Justiça penal portuguesa e brasileira:* tendências de reforma: Colóquio em homenagem ao IBCCRIM. São Paulo: 2007. p. 108.

por essa condição, acaba por delinquir, aproveitando-se da evidente instigação do agente provocador.

Trata-se, pois, de uma situação muito grave que, com os meios tecnológicos dos tempos atuais, cria as maiores capacidades de fabricação e formulação de provas, de forma a aniquilar garantias e alcançar a verdade e a justiça com um preço altíssimo.

Outrossim, essa figura, muito própria daqueles regimes autoritários de outrora, acarreta uma liberalidade investigativa deveras grave, pois capaz de vulnerar a intimidade e fomentar a prática delitiva.

De outra parte, a figura do agente provocador, assim como aquelas figuras do agente infiltrado e do agente encoberto, pode gerar uma vinculação perigosa entre autoridades legais e o mundo criminoso. Cria-se, assim, uma relação espúria, embasada na traição e no ardil. Um Estado que faz do ardil e da violação da confiança uma forma de agir, uma praxe de investigação.

Como reconhecer a idoneidade de uma prova decorrente de uma situação na qual o indivíduo é, não raro, instado à prática delitiva? Como admitir que o Estado perca a prevalência moral sobre o delito, agindo a partir da violação da confiança? Como aceitar uma forma de coibir o crime instigando o próprio crime?

4. Conclusão

Fazer uma reflexão crítica e fustigar um método de investigação assim é o que nos parece mais adequado num paradigma de garantias e de eficiência que queremos. Mais ainda, quando essas situações acabam por ser, aqui e ali, repelidas pelos Tribunais no decorrer da ação penal. Ou seja, quanto mais tais métodos forem utilizados, maior será a possibilidade de ataque contra esses próprios métodos, o que acabará por gerar mais impunidade, mais injustiça e maior descrença no próprio Poder Judiciário.

Sabemos que uma posição assim, mais frontal, é passível de críticas, principalmente uma crítica sobre a pretensa ineficiência de um sistema constituído dessa forma. Porém, entendemos que o momento atual impõe uma enérgica ação de bloqueio, sob pena de se legitimarem medidas invasivas de coleta de prova que não se sustentam à luz das ideias de devido processo, ampla defesa e, especialmente, intimidade e privacidade.

Por isso, aqui se nos impõe uma discordância em relação ao pensamento de Figueiredo Dias, quando repele um pensamento contrário às vedações de prova no caso de agentes encobertos, infiltrados ou provocadores. Segundo Figueiredo Dias, "um outro tema central do trabalho dogmático futuro respeitará – como neste Colóquio, e nas conferências que o antecederam, foi insistentemente acentuado – à cada vez mais crucial intervenção na investigação criminal de agentes provocadores, encobertos ou infiltrados e dos chamados homens de confiança dos órgãos de polícia criminal. Sabe-se como uma tal problemática se desdobra em duas vertentes. Uma respeita ao direito penal substantivo, quanto a determinar se, como e em que medida pode o agente oculto vir a ser responsabilizado pelo crime cometido pelo executor. Outra, não meramente consequencial da anterior, releva autonomamente em matéria de provas proibidas. Só uma referência a este segundo nível é obviamente cabida aqui. Algumas legislações empreenderam já uma regulamentação do problema, todavia limitada a certas situações e muitas vezes duvidosa ou mesmo contestável nas soluções preconizadas. Outras legislações continuam a omitir qualquer regulamentação, deixando que tudo se passe ao nível da aplicação dos princípios legais gerais em tema de 'provas ilícitas' e de 'proibições de prova'. Este último caminho parece-me, nos resultados a que pode conduzir, em geral criticável. Não que eu queira sufragar a tese de que a grande e nova criminalidade moderna só pode combater-se com a plena admissibilidade da prova carreada por homens ocultos e de confiança. Mas quero opor-me igualmente à tese contrária, da total inadmissibilidade de princípio, seja qual for o tipo de criminalidade em causa, da actuação de tais agentes".[25]

O nosso temor, temor que é sério, real, honesto, é o de que a aceitação dessa espécie de meio de investigação venha a trazer um efeito de arrasto, como se vem assistindo no caso das interceptações telefônicas, delações, prisões cautelares, conduções coercitivas. Isto é, que tais medidas sejam adotadas sem apuro, sem proporcionalidade, sem ponderação, meramente como uma reprodução dos pedidos acusatórios, como denunciou Costa Andrade. Que o pretexto de combater uma criminalidade mais grave, praticada por minorias, acabe por tornar praxe a violação da intimidade da ampla maioria dos cidadãos, tudo isso sob o fundamento da proteção dessa mesma maioria.

Chegamos ao ponto de afirmar que um método assim será capaz de induzir não apenas criminosos, como também todos os cidadãos para a prática delitiva, em razão da espetacular situação propícia para o cometimento de um ilícito-típico que é construída por tais agentes.

---

[25] DIAS, Jorge de Figueiredo. "O processo penal Português: problemas e prospectivas". In: MONTE, Mário Ferreira et al. (Org.). *Que futuro para o direito processual penal?* Coimbra: Coimbra Editora, 2009. p. 811.

A instrumentalização desse método de investigação parece-me uma realidade que já é muito clara, de forma que as perversões que daí poderão surgir são inegáveis. Perversões contra a intimidade, contra o *nemo tenetur se detegere*, contra o direito ao silêncio, contra a liberdade e, não se pode negar, contra a moralidade, que deve caracterizar as ações do Estado. Aliás, qual a moral de uma sociedade em que o Estado, para perseguir os delitos, os instiga e induz? Qual a moral de uma sociedade em que o Estado faz da violação da confiança um método de investigação? Qual a moral de uma sociedade em que o Estado, que combate delitos, instiga os seus próprios agentes a praticarem um delito para perseguir pretensos criminosos?

Por tudo isso, entendemos que aqui não se podem abandonar as trincheiras, sob pena de nos responsabilizarmos, mais adiante, pelo incremento acentuado da redução das liberdades e em razão da repercussão que um Estado assim terá para a ideia de Justiça como ponderação, equilíbrio, serenidade. Ainda que se alcunhe um posicionamento assim de conservador, não podemos deixar de ficar do lado da conservação de garantias, em detrimento de sua futura destruição, enfraquecimento ou ineficiência.

Bibliografia

ANDRADE, Manuel da Costa. *Sobre as proibições de prova em processo penal*. Coimbra: Coimbra Editora, Reimpressão, 2006.

ANDRADE, Manuel da Costa. "Métodos ocultos de investigação (*plädoyer* para uma teoria geral)". In: MONTE, Mário Ferreira et al. (Org.). *Que futuro para o direito processual penal?* Coimbra: Coimbra Editora, 2009.

——. "Métodos ocultos de investigação (Plädoyer para uma teoria geral)." In: FRANCO, Alberto Silva et al. (Org.). *Justiça penal portuguesa e brasileira:* tendências de reforma: Colóquio em homenagem ao IBCCRIM. São Paulo: 2007.

DIAS, Jorge de Figueiredo. *Direito processual penal*. Coimbra: Coimbra Editora, 2004.

——. "O processo penal Português: problemas e prospectivas." In: MONTE, Mário Ferreira et al. (Org.). *Que futuro para o direito processual penal?* Coimbra: Coimbra Editora, 2009.

ETZKOWITZ, Henry. Universidade-indústria-governo, inovação em movimento. Porto Alegre: EdiPucrs, 2009.

FERNANDES, Antônio Scarance. "Reflexões sobre as noções de eficiência e de garantismo no processo penal." In: FERNANDES, Antônio Scarance; ALMEIDA, José Raul Gavião de; MORAES, Maurício Zanóide de (Org.). *Sigilo no processo penal, eficiência e garantismo*. São Paulo: Revista dos Tribunais, 2008.

FERRAJOLI, Luigi. *Direito e razão*: teoria do garantismo penal. São Paulo: RT, 2006.

GRINOVER, Ada Pellegrini. *O processo em evolução*. Rio de Janeiro: Forense, 1996.

LIMA, Marcellus Polastri; AMBOS, Kai. O processo acusatório e a vedação probatória perante as realidades alemã e brasileira. Porto Alegre: Livraria do Advogado, 2009.

LOUREIRO, Flávia Noversa. "A (i)mutabilidade do paradigma processual penal respeitante aos direitos fundamentais em pleno século XXI". In: MONTE, Mário Ferreira et al. (Org.). *Que futuro para o direito processual penal?* Coimbra: Coimbra Editora, 2009.

LÚCIO, Laborinho. "Processo penal e consciência colectiva". In: MONTE, Mário Ferreira et al. (Org.). *Que futuro para o direito processual penal?* Coimbra: Coimbra Editora, 2009.

MADLENER, Kurt. "Meios e métodos para alcançar-se no processo penal as metas de 'prazo razoável' e de 'celeridade'. Observações a respeito da Justiça Alemã". In: MONTE, Mário Ferreira et al. (Org.). *Que futuro para o direito processual penal?* Coimbra: Coimbra Editora, 2009.

OLIVEIRA, Eugênio Pacelli de. *Curso de processo penal*. 13. ed. Rio de Janeiro: Lúmen Juris, 2010.

SOUSA, Susana Aires de. "*Agent Provocateur* e meios enganosos de prova. algumas reflexões". In: *LIBER Discipulorum para Jorge de Figueiredo Dias*. Coimbra: Coimbra Editora, 2003.

—2—

Acordos de leniência: resultado do diálogo entre o direito responsivo e o impositivo ético

CELITO DE BONA[1]

Sumário: 1. Introdução; 2. Apontamentos a um direito responsivo; 3. O compromisso ético; 3.1. O Imperativo ético; 3.2. A constante autocorrigenda do direito; 3.3. A contextualização do sistema jurídico brasileiro; 4. A interpretação sistemática da legislação leniente no combate à corrupção; 4.1. Inspiração e evolução da ética colaborativa; 4.2. Considerações acerca da lei de improbidade empresarial; 4.3. O microssistema da tutela ética nas relações político-administrativas no Brasil: alguns problemas; 4.4. A interpretação jurídica é interpretação sistemática ou não é interpretação; 5. À guisa de conclusão; Referências bibliográficas.

1. Introdução

Compreender o Direito em dias atuais não vem sendo tarefa das mais fáceis. Os mais variados fatos recebem interpretações também diferentes por vários juristas. Da mesma forma, compreender a sociedade com suas inúmeras mudanças pode causar desespero e frustração, especialmente ao se deparar com as notícias de corrupção que assolam o país e o incessante combate institucional para estancá-la e punir agentes públicos, empresários e políticos. O presente trabalho busca fornecer elementos para facilitar esta compreensão, fornecendo, de início, uma análise descritivo-sociológica do Direito, ao apresentar as considerações de Philippe Nonet e Philip Selznick acerca da evolução do modelo de sistema jurídico repressivo até o responsivo.

Em seguida, faz-se uma abordagem ético-prescritiva do Direito atual, demonstrando a importância do diálogo como indispensável recurso para encontrar no outro a extensão de si mesmo. Isso reflete,

---

[1] Doutorando em Direito Público pela UNISINOS; Mestre em Direito Negocial pela UEL; Professor da UNIOESTE; Advogado.

necessariamente, na (re)orientação e sentido do Direito, que estará numa constante autotransformação, superando institutos quando ultrapassados em todos os aspectos. Por exemplo, na esfera criminal, o advento do Direito Penal mínimo; na civil, o consensualismo assume lugar de destaque; na administrativa, a ética punitiva cede lugar à ética colaborativa, por meio da celebração de acordos de leniência e de ajustamentos de gestão, sem abandonar, entretanto, um caráter de reprimenda.

Acentuando a atuação do combate à corrupção, a impossibilidade de identificação de condutas de improbidade administrativa exige dos juristas e operadores do Direito em geral uma atuação voltada a persecução de fins e uma atuação pragmática e eficiente. Tem-se, então, o advento de aspectos do Direito responsivo implantados pelo Estado Democrático de Direito por meio de uma imposição ética para se coibir (ou ao menos controlar) condutas desonestas. Os resultados são notórios. Jamais houve tantos casos de corrupção e improbidade administrativa sendo seus agentes tão amplamente responsabilizados. Nunca se pensou que um ex-presidente da República poderia ser condenado criminalmente, ou que os detentores dos mais altos escalões dos governos federal e estaduais, além de renomados empresários, ficassem atrás das grades e colaborassem com o Poder Judiciário no combate às fraudes por eles perpetradas.

Mas ajustes necessitam ser praticados constantemente, numa tarefa autocorrigenda do Direito. Novamente surge a necessidade do diálogo, que pode ser escrito ou oral, para alcançar os ausentes na tarefa da comunicação e da linguagem. Este é o intento, portanto, deste trabalho: dialogar com o leitor permitindo uma compreensão das recentes mudanças do Direito com ênfase no combate à corrupção, especialmente pelo advento da Lei de Improbidade Empresarial (Lei nº 12.846/2013). Para isso, utilizará uma metodologia hermenêutico-fenomenológica, buscando a compreensão da evolução histórica do acordo de leniência e a busca de um sentido ético para a contribuição na construção de soluções aos problemas enfrentados, principalmente decorrentes da perda de vigência da Medida Provisória nº 703/2015, ao não ser aprovada pelo Congresso em tempo hábil, e que transformava, e muito, alguns aspectos pragmáticos do combate à corrupção e fraudes às licitações, instituindo a responsabilidade objetiva das pessoas jurídicas envolvidas em práticas desonestas em suas relações contratuais com o poder público. As soluções, como se verá, poderão ser alcançadas utilizando da interpretação sistemática do Direito.

2. Apontamentos a um direito responsivo

Philippe Nonet e Philip Selznick elaboraram um marco na reflexão da sociologia norte-americana sobre o Direito,[2] no final dos anos setenta do século passado, encontrando imediata repercussão ao prenunciar uma crise energética no hemisfério norte "que ameaçava sepultar de forma definitiva o modelo fiscal do estado de bem-estar social (*welfare-state*)".[3] Foi naquele contexto que se apresentava na arena judicial uma tendência de participação e tomada de decisões cada vez mais relevantes em matéria de políticas públicas. Também naquele período aparecem em cena autores que viriam a se destacar internacionalmente e que iriam marcar também no cenário jurídico, como é o caso de Ronald Dworkin,[4] especialmente por enfrentar a questão da abertura ou não dos sistemas jurídicos e seu debate crítico com os positivistas e realistas jurídicos.

A análise sociológica do Direito de Nonet e Selznick se caracteriza por ser descritiva dos três grandes modelos que ali apresentam, qual sejam, um Direito repressivo, um Direito autônomo e um Direito responsivo. É bem verdade que em cada organização político-jurídica contemporânea haverão elementos e características de todos estes modelos, com a preponderância de um deles. Os dois primeiros modelos serão analisados superficialmente e o responsivo será apresentado de forma também sintética, porém merecedor de uma atenção maior.

O Direito repressivo tem por finalidade a manutenção da ordem. Para isso, o Estado poderá dispor da coerção para impor determinados comportamentos, por mais nobres que sejam, como se comportar honestamente, não causar prejuízos a bens jurídicos de terceiros e a ressarcir eventuais danos causados. Isto não significa, entretanto, que o uso do poder coercitivo, por si só, torne o Direito repressivo, ou seja, aquele não é sinônimo deste. O que o torna repressivo é o uso do poder de coerção com poucos limites, ou sua ameaça de utilização, afrontando a dignidade das pessoas, de forma desproporcional ao marco civilizatório daquela sociedade. Outras de suas características são: a legitimidade do poder se encontra na manutenção da segurança social e esta é a razão do Estado; o sistema normativo é pouco elaborado, e

---

[2] Trata-se da obra *Law and Society in Transition: Toward Responsive Law*, publicado em 1978, e traduzido e publicado no Brasil um certo atraso de quase trinta anos, por meio da edição que se toma por base para a elaboração deste trabalho – NONET, Philippe. SELZNICK, Philip. *Direito e Sociedade: a transição ao sistema jurídico responsivo*. Tradução de Vera Pereira. Rio de Janeiro: Revan, 2010.

[3] Op. cit., p. 7.

[4] Sua obra *Taking Rights Seriously* foi lançada em 1977 e já ali se percebia uma preocupação com a interferência da moral no Direito, a crítica ao positivismo jurídico e questionamentos acerca da posição política dos juízes.

pouco capaz de sujeitar os governantes; adota uma ética punitiva; o Direito é subordinado à Política; a expectativa de obediência é incondicional, e a desobediência é punida como rebeldia; em relação à participação popular na política, há um consentimento passivo por parte dos subordinados, em que a crítica é vista como manifestação de deslealdade e, portanto, censurada ou censurável.

Já o Direito autônomo, expressão esta que os autores preferem a Estado de Direito, é o modelo em que a repressão da autoridade institucional é contida, impondo-se limites à sua atuação por um importante recurso: a ordem legal, ou seja, pela instalação do "império da lei", e não dos homens. Esta concepção supera em muito a simples existência de um ordenamento jurídico, pois diz respeito a uma "aspiração política e jurídica – a criação de um 'governo das leis e não dos homens'. Nesse sentido, o Estado de Direito nasce quando as instituições judiciárias adquirem autoridade e independência suficientes para impor limites ao exercício do poder governamental".[5]

Na definição do Estado de Direito, os autores preferem considerá-lo como um sistema institucional singular, e não como um ideal abstrato. Para eles, "[...] sua principal característica é a forma de instituições judiciárias especializadas, relativamente autônomas, que alegam uma supremacia especial dentro de esferas definidas de competência".[6] Justamente por concentrarem sua atenção na defesa da autonomia institucional e também por indicar as deficiências e avanços do Estado de Direito que os autores preferem a denominação "Direito autônomo". Depreende-se daí, além disso, uma clara disposição na tutela da integridade institucional em detrimento de outros objetivos, como uma forma de limitação desta modalidade jurídica.

Outras características do Direito autônomo são apresentadas por Nonet e Selznick como: separação entre Direito e Política, com uma declaração de independência do Poder Judiciário, que estabelece uma clara linha divisória entre as funções legislativas e judiciárias; a ordem jurídica adota o "modelo normativo", ou seja, a ênfase nas normas ajuda a impor certo grau de responsabilidade oficial e, ao mesmo tempo, limita a criatividade das instituições judiciárias e o perigo de invadirem o domínio da política; o procedimento é o coração do Direito (assim, regularidade e equidade, não necessariamente a justiça substantiva, são os fins prioritários e a principal competência da ordem jurídica); "fidelidade à lei" deve significar estrita obediência às normas do Direito positivo (qualquer crítica ao ordenamento jurídico ou exigência de modificação deve ser realizado por meio do processo político); a

---

[5] Nonet e Selznick, op. cit., p. 99.
[6] Idem.

legitimidade do Direito ocorre conforme existam procedimentos equânimes; o sistema normativo é elaborado, obrigando a sujeição tanto de governantes quanto de governados; há uma forte aderência à autoridade legal, sendo vulnerável ao formalismo e ao legalismo; a coerção estatal é controlada por limites legais; o Direito independe da Política, sendo por vezes o seu regulador e norteador; a expectativa de obediência é condicionada, sendo a desobediência justificada apenas com amparo legal; e, finalmente, há um acesso limitado pelos procedimentos estabelecidos, onde qualquer forma de participação política popular é limitada pela própria lei.

Como se percebe, o Direito autônomo é marcado por uma evolução do Direito repressivo, que foi ocorrendo ao longo de uma trajetória marcada por revoluções e desenvolvimento de teorias que culminaram na elaboração de leis e constituições, consideradas como conquistas da humanidade. Por sua vez, o terceiro modelo, o Direito responsivo, não deixa de ser uma evolução ante às crises que também o Estado de Direito apresenta. Tem na teoria de Roscoe Pound sobre os interesses sociais sua tentativa mais explícita de desenvolvimento, seguindo a finalidade comum das tradições realista e sociológica que era a de ampliar as fronteiras do conhecimento jurídico, inclusive suas fontes. "A boa lei deveria oferecer algo mais que justiça formal, deveria ser tanto competente quanto equânime, ajudando a definir o interesse público e empenhando-se na concretização da justiça substantiva".[7] É pela crítica à segurança e rigidez do Direito autônomo, principalmente por sua inaptidão à resolução de problemas de ordem social e nem sempre compromissado com a justiça material e equidade que o Direito responsivo avança.[8] Assim, há uma tendência de abertura à mudança que gera uma tensão com a fidelidade ao Direito. Tal tensão vem a se tornar, ao mesmo tempo, o *problema central do desenvolvimento jurídico e o seu motor propulsor*.

As principais características do Direito responsivo poderiam ser assim resumidas:

a) A finalidade do Direito é o desenvolvimento de competências que tenham a capacidade de resolução de problemas. Isto importa que seus operadores desenvolvam novas habilidades. Com a expectativa de abertura do sistema, a atuação judicial escapa da forma impositiva e adentra nos caminhos da negociação, em que se começam a ser exigidas novas técnicas e habilidades, que não se encontram nas tradicionais disciplinas

---

[7] Nonet e Selznick, ob. cit., p. 122.

[8] As instituições jurídicas deviam abandonar a estreita segurança do Direito autônomo e serem convertidas em instrumentos mais dinâmicos do ordenamento e da mudança social. Nessa reconstrução, a competência cognitiva, a abertura à mudança e o ativismo deviam combinar-se como temas básicos. (Nonet e Selznick, ob. cit., p. 122)

jurídicas. As técnicas de negociação, as barganhas, as análises de custo-benefício, os estudos dos perfis dos negociadores, a linguagem corporal, a identificação da mentira, as pressões psicológicas entram em cena e exigem do magistrado e dos demais agentes judiciais conhecimentos que não estão inseridos nos currículos universitários tradicionais. A racionalidade jurídica, conseguintemente, é orientada aos fins a que se propõe, exigindo uma ampliação da competência cognitiva. A noção de imputação da ciência jurídica, em termos kelsenianos, tende a ser revista, pois, uma vez que uma norma não seja cumprida, não mais se terá necessariamente um dever de aplicar uma sanção prevista, pois a não aplicação da norma passa a ser uma possibilidade institucional, o que para o Direito autônomo isto não se cogita;

b) A legitimidade do Direito se dá na medida em que a Justiça substantiva é alcançada; a atenção aos anseios populares é levada em consideração e a pressão exercida por eles é a bússola para a detecção dos problemas a serem resolvidos;

c) O sistema normativo é subordinado a princípios e a políticas "institucionalizadas";

d) A racionalidade jurídica é orientada aos fins, com a mencionada ampliação da competência cognitiva;

e) A discricionariedade é ampla, mas subordinada à justificação dos fins (mesmo que se tenha de descumprir a lei);[9]

f) A coerção é mitigada, havendo uma busca de alternativas baseadas em incentivos pedagógicos;

g) A "ética da punição" é substituída pela "ética da cooperação";

h) Há uma integração de aspirações legais e políticas, com uma combinação entre os Poderes;

i) A desobediência é avaliada em termos de danos efetivos e percebida como portadora de temas emergentes a serem legitimados;

---

[9] Em notícia veiculada pelo Conjur, em 05.11.2015, o procurador da operação Deltan Dallagnol é acusado de irregularmente trazer documentos da Suíça que auxiliariam na instrução probatória daquela operação, sem autorização do Ministério da Justiça (in Ministério Público driblou a lei para trazer documentos da Suíça na "lava jato"). Disponível em: <https://www.conjur.com.br/2015-nov-05/documentos-trazidos-suica-mpf-colocam-lava-jato-risco>. Acesso em: 9 fev. 2018. Outro fato com muita repercussão foi, em março de 2016, o vazamento do áudio das conversas entre a então presidente da República, Dilma Roussef, e o ex-presidente Luís Inácio Lula da Silva, pelo magistrado Sérgio Fernando Moro, atribuição de competência exclusiva do Supremo Tribunal Federal. Em tal circunstância, houve o acirramento da pressão popular em descontentamento com a situação que o país vivenciava até então (in Moro divulga grampo de Lula e Dilma; Planalto fala em Constituição violada). Disponível em <http://g1.globo.com/politica/noticia/2016/03/moro-divulga-grampo-de-lula-e-dilma-planalto-fala-em-constituicao-violada.html>. Acesso em: 9 fev. 2018.

logo, há uma tendência de não ser punida tão severamente ou mesmo as penas serem irrisórias, tanto em protestos populares, por exemplo, como pelo descumprimento de regras institucionais por autoridades;[10]

j) Em relação à participação popular, há um acesso ampliado pela integração dos grupos defensores de causas sociais na esfera da política com os grupos que atuam com o mesmo propósito na esfera judicial (*social and legal advocacy*).

É obvio que tais características refletem a observação de Nonet e Selznick no sistema estado-unidense. Isso não significa que tudo o que ocorre por lá é percebido por aqui, mas também não indica sua rejeição. Uma característica marcante do Direito responsivo norte-americano é o ativismo judicial, que é visto com reservas no Brasil, embora não seja incomum o surgimento deste tipo de decisões judiciais. Mas há uma tendência de muitos elementos ali descritos também serem detectados em nosso ordenamento, com algumas adaptações. Embora ainda muito atrelado ao Estado de Direito (ou Direito autônomo, segundo os mencionados autores), sinalizam para uma transformação do modo de agir judicialmente. O consensualismo jurídico, o parcelamento de dívidas tributárias, a aplicação de penas alternativas, os acordos de leniência e delação premiada são exemplos desta mudança de raciocínio dos operadores do Direito, e seus fundamentos serão objeto de análise nos próximos tópicos.

3. O compromisso ético

3.1. O imperativo ético

Da síntese da análise descritivo-sociológica proposta por Nonet e Selznick, parte-se para a análise ético-prescritiva proposta por Castanheira Neves.[11] Com explícita inspiração heideggeriana, parte do conceito de *Mitzein*, o ser-com, para estabelecer uma dimensão (ou condição) ética do Direito. Para Heidegger, o sujeito só aparece para o mundo e para si na medida em que se relaciona com o outro. Seu ambiente é o mundo. É por meio dos seres com quem se relaciona que

---

[10] Jornal do Comércio. Por 12 votos a 2, o Conselho de Ética do Senado arquivou, em 08.08.2017, denúncia contra seis senadoras da oposição que protestaram durante a votação da reforma trabalhista na Casa. Na ocasião, as parlamentares ocuparam a mesa diretora do plenário, interrompendo a sessão e atrasando a análise do projeto. – *Conselho livra senadoras de punição por protestos.* Disponível em: <http://jcrs.uol.com.br/_conteudo/2017/08/politica/578474-conselho-livra-senadoras-de-punicao-por-protestos.html>. Acesso em: 9 fev. 2018.

[11] CASTANHEIRA NEVES, A. M. *Digesta* – Volume 3º – Escritos acerca do Direito, do Pensamento Jurídico, da sua Metodologia e Outros. Coimbra/PT: Coimbra Editora, 2011.

ele se descobre, que ele se desvela. Se não for pela relação com o outro, com o seu com-viver, co-habitar, que aflora seus sentimentos e sem os quais se torna impossível conhecer a si mesmo com os atributos de bom ou mal, belo ou feio, etc. E justamente por esta razão ao homem pode ser atribuída a imperfeita denominação de "ser com infinitas possibilidades e incertezas em busca de um sentido".[12] *Infinitas* por não possuir um número delimitado. *Possibilidades* por ser latente, por possuir sonhos, desejos, anseios, ansiedades, projetos, que podem se tornar realidade, mas ainda não é. *Incertezas* porque da mesma forma que é possível, não significa que ocorrerá. Muitos fatores e circunstâncias concorrem simultaneamente para isso. O *sentido* é a direção, a própria projeção de sua existência, e também o que o move a continuar, a persistir em se construir constantemente. A comparação do *sentido* com uma "meta a ser alcançada" é muito pobre para explicá-lo mas deve servir ao propósito, pelo menos didaticamente. Quando se busca determinada meta, várias circunstâncias podem nos auxiliar ou impedir de alcançá-la. Inclusive o outro, que tanto pode se tornar um aliado como um concorrente. Como nos (com)portamos *com* e *ante* o outro revela como (e aquilo que) somos.

Um conceito caro para Heidegger é o de *autenticidade* pois, para ele, só há uma vida autêntica na medida em que há preocupação com o outro, ou melhor, quando há cuidado do outro. Tem-se, então, a partir dele, uma *ética do cuidado* que deve ser perseguida por todos. Ao contrário, a vida *inautêntica* vem a ser a despreocupação com o outro, a falta de cuidado, o "des-ligar-se" dele; quando assim age, tem-se a inautenticidade do homem, que se aproxima do egoísmo e que não se coloca numa situação de empatia. Esquece de dois elementos essenciais para o bem viver em sociedade: o princípio da igualdade[13] e o princípio da responsabilidade.[14] Do comportamento responsável para

---

[12] Este termo é utilizado pelo professor Dr. Sérgio Alves Gomes. In: *Hermenêutica constitucional. Um contributo a Construção do Estado Democrático de Direito.* Curitiba: Juruá, 2008.

[13] "Nenhuma pessoa vale mais do que outra – de contrário tornar-se-ia objecto, nessa mesma medida, para esse outro –, do mesmo modo que as concretas diferenciações a que se vejam submetidas não poderão negar, e hão-de justificar-se, perante essa igualdade essencial das pessoas" (CASTANHEIRA NEVES, ob.cit., p. 36-7).

[14] "É este princípio a expressão normativa da indefectível integração comunitária – integração comunitária que vai, como vimos, não menos implicada no reconhecimento constitutivo da pessoa, na dimensão axiológica que faz com que a pessoa seja pessoa, e que é também condição da sua própria manifestação e realização. No ser pessoa vai a assunção das condições que são constitutivas do seu sentido e que a possibilitam na ordem da existência – sem o que se negaria afinal como pessoa. Daí que não possamos furtar-nos a assumir as exigências e as validades que dão sentido (e viabilidade) àquelas condições de realização e que se no manifestem na coexistência comunitária, ao convivermos uns com os outros numa determinada comunidade: a nossa constitutiva e fruidora comunhão nelas tem o seu correlativo na nossa corresponsabilidade por elas. Pois que convivendo numa determinada comunidade, participamos numa totalidade de intenções e valores comuns, e essas intenções e valores comuns não são outros do que aqueles que se vão cons-

com os iguais surgem deveres no âmbito social-participativo, que são corolários a deveres. Nesta participação comunitária em equilíbrio entre direitos e deveres é que surge a Justiça. Para que todos não tenham dúvidas sobre seus direitos e deveres é que surge o Direito, que deverá, por meio da comunicação, da linguagem, seja oral ou escrita, afirmar este equilíbrio, no que for considerado justo. Esta comunicação é o que permite o encontro com o outro, e ocorre principalmente por meio do diálogo, muito bem definido por Hans-Georg Gadamer:

> O que é um diálogo? De certo que com isso, pensamos num processo entre pessoas, que, apesar de toda sua amplidão e infinitude potencial, possui uma unidade própria e um âmbito fechado. Um diálogo é, para nós, aquilo deixou uma marca. O que perfaz um verdadeiro diálogo não é termos experimentado algo de novo, mas termos encontrado no outro algo que ainda não havíamos encontrado em nossa própria experiência de mundo. Aquilo que movia os filósofos a criticar o pensamento monológico é o mesmo que experimenta o indivíduo em si mesmo. O diálogo possui uma força transformadora. Onde um diálogo teve êxito ficou algo para nós e em nós que nos transformou. O diálogo possui, assim, uma grande proximidade com a amizade. É só no diálogo (e no "rir juntos", que funciona como um entendimento tácito transbordante) que os amigos podem encontrar-se e construir aquela espécie de comunhão onde cada qual continua sendo o mesmo para o outro porque ambos encontram o outro e encontram a si mesmos no outro.[15]

Contudo, na medida em que os homens se encontram diante da incapacidade para o diálogo e não percebem o outro como extensão de si mesmos, descumprem seus deveres para com eles e desigualdades surgem, devendo ser corrigidas. Do contrário, a injustiça se faz presente no âmbito social, amargando o convívio humano-comunitário. Conforme estas distorções forem se corrigindo, mais perto se estará do ponto inicial da igualdade. Para que isto ocorra, foi necessário o surgimento de uma organização para impor este comportamento a todos os participantes da "comum-idade" – aqueles que "con-vivem" num mesmo tempo. Tal organização, por sua vez, molda e é moldada pela comunidade.

Denota-se, portanto, uma dimensão ética do homem para com os outros, seus semelhantes, seus iguais. O Direito, por ser expressão do comportamento desejado do homem, também deve possuir esta dimensão ética, que a tornará o fundamento ou a razão de existir. Com-

---

tituindo e revelando nas relações e nos actos da comunicação das nossas existências (da nossa coexistência) num certo espaço e num certo tempo – num certo mundo humano. Sendo cada um de nós elemento dessa comunicação constitutiva em que participamos e para que concorremos, somos também cada um de nós e todos responsáveis pelas intencionalidades que, numa compreensão totalizante, dizemos esse nosso mundo e os seus valores". (CASTANHEIRA NEVES, op. cit., p. 37-8)

[15] GADAMER, Hans-Georg. *Verdade e Método II: complementos e índice*. Tradução de Ênio Paulo Giachini. Petrópolis/RJ: Vozes, 2011, p. 247.

preender o outro, suas circunstâncias, sua história, sua personalidade, se colocar no lugar dele é tarefa de todo cidadão. Assim será o imperativo ético do Direito. Assim deve ser o resgate das origens do Direito e sua projeção para o futuro, corrigindo distorções normativas nele existentes, num contínuo processo de "autotransformação", bem como o homem, que nunca está pronto, acabado, mas sempre numa constante eterna construção de si, em busca de um sentido, com a possibilidade de êxito, embora incerto.

3.2. A constante autocorrigenda do direito

A postura autocorrigenda do Direito importa, como visto, em rever constantemente várias de suas normativas, o que não pode ocorrer sem uma atuação política na tomada de decisões. Devem-se estabelecer os valores e axiomas que refletem o espírito ético da sociedade em determinado estágio civilizatório. A exemplo, mesmo com a adoção de um modelo de Direito repressivo (em que se passava longe o imperativo ético, mas de alguma forma poderia se justificar ante as contingências em que determinada sociedade) ou um Estado de Direito, a ideia da aplicação da pena seguiu as ideias ponderadas por Immanuel Kant, segundo uma ética de retribuição punitiva, considerada necessária.

> A *pena judicial* (*poena forenses*), [...] nunca pode servir meramente como meio para fomentar outro bem, seja para o próprio *delinquente*, seja para a sociedade civil, mas sim tem de ser infligida contra ele apenas *porque ele cometeu o crime*. Pois o homem nunca pode ser manipulado como mero meio para os propósitos de um outro, nem ser contado entre os objetos do direito real, sendo protegido contra isso por sua personalidade inata mesmo quando possa ser condenado a perder a civil. Antes que se pense em se extrair algum proveito dessa pena, para ele mesmo ou para seus concidadãos, ele tem de ser considerado *punível*. A lei penal é um imperativo categórico, e ai daquele que se arrasta pelos caminhos sinuosos da doutrina da felicidade em busca de algo que, pela vantagem prometida, o eximisse da pena ou de uma parte dela, conforme o ditado fariseu: "é preferível que // um homem morra a que pereça todo o povo". Pois, se perece a justiça, então não tem mais qualquer valor que os homens sobre a Terra. – Como posicionar-se, então, frente à proposta de conservar a vida de um criminoso condenado à morte caso ele, em troca disso, aceite submeter-se a experimentos perigosos, podendo correr tudo bem para ele e para os médicos, que assim obteriam um saber novo e útil à comunidade? Uma corte de justiça rechaçaria com desdém a equipe médica que fizesse essa proposta, porque a justiça deixa de ser justiça quando se entrega por um preço qualquer.[16]

Nesta passagem, Kant defende a necessidade de imposição e aplicação da pena pelo simples cometimento do crime, sendo isto um

---

[16] KANT, Immanuel. *Metafísica dos Costumes*. Tradução de Célia Aparecida Martins. Petrópolis/RJ: Vozes, 2013, p. 137-8.

imperativo categórico,[17] e também rechaça a ética utilitarista,[18] não reconhecendo ali a existência da virtude coletiva da justiça, o que faria o povo padecer por viver numa comunidade que não merece prosperar e que não respeita suas próprias leis. Na sequência, o filósofo alemão defenderia ainda o direito de retaliação, somente imposto pelo tribunal, como forma para oferecer segurança na quantidade e qualidade da punição, e ainda defenderia a pena de morte como única maneira de se alcançar uma igualdade de penas.

Porém, passados mais de dois séculos da primeira publicação da *Metafísica dos Costumes* (a obra foi publicada em 1797), a sociedade mudou e, com ela, a moral e também o Direito. Alguns dos pensamentos kantianos não são levados mais em consideração absoluta para a elaboração dos mandamentos prescritivos, embora sua doutrina continue sendo referência para o reconhecimento da dignidade humana e no que tange ao reconhecimento do outro como um ser dotado de méritos e defeitos, em que jamais pode ser usado como objeto, mas como fim em si mesmo. Foi inquestionavelmente o precursor de uma série de pensadores que iriam se preocupar com o ser humano e suas potencialidades, com muitos reflexos no estudo do Direito.

Após ele, vários Estados Modernos adotaram com relativas gradações um modelo de Direito repressivo com governos opressores e políticas totalitárias, além do Estado de Direito se consolidar como limite

---

[17] Os imperativos, máximas de qualquer ação humana, são divididos por Kant em hipotéticos e categóricos. O imperativo é hipotético, quando a ação é apenas boa, como meio para se atingir algo mais, algum fim. O imperativo é categórico, quando representa uma ação como, objetivamente, necessária sem relação com qualquer fim; a ação é representada como boa em si mesma. Logo, o imperativo categórico e o critério objetivo da moralidade e se articula em três formulações, todas dirigidas a vontade do agente. Estabelecem máximas ou princípios subjetivos da ação e é passível de generalização, ou seja, exclui, expressamente, a análise das consequências ou do bem-estar imediato da pessoa, pois antes visa o bem-estar dos outros. Kant faz a formulação geral do imperativo categórico nos seguintes termos: "Age segundo a máxima que possa simultaneamente fazer-se a si mesma lei universal" (BARRETO, Vicente de Paulo. *O Fetiche dos Direitos Humanos e outros Temas*. Porto Alegre: Livraria do Advogado, 2013, p. 52-3)

[18] "[...] o mais elevado objetivo da moral é maximizar a felicidade, assegurando a hegemonia do prazer sobre a dor. De acordo com Bentham, a coisa certa a fazer é aquela que maximizará a utilidade. Como 'utilidade' ele define qualquer coisa que produza prazer ou felicidade e que evite a dor ou o sofrimento. Bentham chega a esse princípio por meio da seguinte linha de raciocínio: todos somos governados pelos sentimentos de dor e prazer. São nossos 'mestres soberanos'. Prazer e dor nos governam em tudo que fazemos e determinam o que devemos fazer. Os conceitos de certo e errado 'deles advêm'. Todos gostamos do prazer e não gostamos da dor. A filosofia utilitarista reconhece esse fato e faz dele a base da vida moral e política. Maximizar a 'utilidade' é um princípio não apenas para o cidadão comum, mas o possível para maximizar a felicidade da comunidade em geral. O que, afinal, é a comunidade? Segundo Bentham, é 'um corpo fictício', formado pela soma dos indivíduos que abrange. Cidadãos e legisladores devem, assim, fazer a si mesmos a seguinte pergunta: Se somarmos todos os benefícios dessa diretriz e subtrairmos todos os custos, ela produzirá mais felicidade do que uma decisão alternativa? [...] Todo argumento moral, diz ele, deve implicitamente inspirar-se na ideia de maximizar a felicidade." (SANDEL, Michael J. *Justiça. O que é fazer a coisa certa*. Tradução de Heloísa Matias e Maria Alice Máximo. 4ª ed. Rio de Janeiro: Civilização Brasileira, 2011, p. 48)

aos poderes dos governantes, atribuindo direitos e deveres para a sociedade em geral. Muitos Estados, entretanto, utilizaram de modelos de Direito autônomo enquanto forma, mas com um conteúdo autocrático em menos de cem anos dentro da História da humanidade, como o nazismo, o fascismo e o stalinismo. As experiências não foram boas e como reação se desenvolveram os Estados Democráticos de Direito. Todas estas modalidades se mostraram, entretanto, úteis em algum momento histórico, mesmo como referência negativa a modelo para (espera-se) não mais se repetir.

3.3. A contextualização do sistema jurídico brasileiro

Importa levar em consideração, destarte, a cultura e o percurso histórico de cada sociedade e seus reflexos no ordenamento jurídico para uma melhor contextualização. Atualmente, a *internet* e as redes sociais permitem um maior acesso a informações e opiniões, propagação de ideologias e concepções de mundo. Isto potencializa o debate político e torna o cidadão mais ativo, ainda que virtualmente, possibilitando exigir comportamentos e adequações de seus representantes políticos. Como nem sempre encontrará amparo e coerência deles em todos os aspectos, é normal a frustração com a política. A par disso, o surgimento de escândalos de corrupção decorrentes em grande parte pela liberdade de imprensa, o fortalecimento institucional de órgãos judiciais e persecutórios contribuem para a crise do Estado Democrático de Direito, em seus múltiplos cenários, e oportunizam uma reação que tende a confiar em alguns setores do Poder Judiciário, do Ministério Público e da Polícia Federal, atribuindo-lhes a esperança de serem baluartes da moral (alguns são tão céticos sobre o desempenho dessas instituições que delegam toda sua esperança nas Forças Armadas). Na senda por alcançar a Justiça a todo custo, estas instituições, não raras vezes, buscam resultados e miram fins, que deverão ser alcançados a todo custo. Ao menos é isso o que se verifica quando se estuda o modelo de Direito responsivo, numa análise superficial do cenário brasileiro.

Ainda com a tradição positivista e com o espírito do Direito autônomo impregnados, felizmente, na mente dos juristas brasileiros, o Direito responsivo vai tomando espaço por meio de institutos legais, embrenhando-se no ordenamento jurídico, "legalizando-se". Percebe-se isso com o movimento de expansão da teoria do Direito Penal mínimo, na seara criminal, do consensualismo jurídico, na seara civil, e de um comportamento ético colaborador e cooperativo, de formação de parcerias para se alcançar resultados na seara administrativa. Importante destacar uma sensível mudança de paradigma na concepção do modelo de sistema de Direito adotado pelo Brasil, influenciado pelo êxito de experiências estrangeiras, a exemplo dos Estados Unidos, por meio da evolução do Direito responsivo, ao adotar uma perspectiva voltada para fins e resolução de problemas. É cediço que nem sempre uma decisão judicial encerra um conflito. No máximo encerra a lide ou uma de suas fases. Aliás, ela tem a possibilidade de acirrar ainda mais o conflito, o que atentaria contra a finalidade do próprio Direito. É por isso que as constantes transformações legislativas seguem a tendência de valorizar as formas mais adequadas e alternativas ao Poder Judiciário de resolução de conflitos, como as práticas autocompositivas e a arbitragem, mesmo durante o processo, quando possível e cabível. Esta é a sistemática do Código de Processo Civil de 2015, da nova Lei de Mediação (Lei nº 13.140/15) e do Programa de Regularização Tributária Rural – PRR (Lei nº 13.606/2018). Além disso, também é o intuito da Política Judiciária Nacional de tratamento adequado dos conflitos de interesses no âmbito do Poder Judiciário (Resolução nº 125/2010-CNJ) e da Política Nacional de Incentivo à Autocomposição no âmbito do Ministério Público (orientação a partir da Resolução nº 118/2014-CNMP). O Superior Tribunal de Justiça compartilha deste entendimento, como se depreende no corte da seguinte decisão:

> [...] 3. É inadiável a mudança de mentalidade por parte da nossa sociedade, quanto à busca da sentença judicial, como única forma de se resolver controvérsias, uma vez que a Resolução CNJ n.º 125/2010 deflagrou uma política pública nacional a ser seguida por todos os juízes e tribunais da federação, confirmada pelo atual Código de Processo Civil, consistente na promoção e efetivação dos meios mais adequados de resolução de litígios, dentre eles a conciliação, por representar a solução mais adequada aos conflitos de interesses, em razão da participação decisiva de ambas as partes na busca do resultado que satisfaça sobejamente os seus anseios. 4. A providência de buscar a composição da lide quando o conflito já foi transformado em demanda judicial, além de facultada às partes, está entre os deveres dos magistrados, sendo possível conclamar os interessados para esse fim a qualquer momento e em qualquer grau de jurisdição, nos termos do art. 125, inc. IV, do Código de Processo Civil de 1973 ("o juiz dirigirá o processo, competindo-lhe tentar, a qualquer tempo, conciliar as partes"). (REsp 1531131/AC, Rel. Ministro Marco Buzzi, Quarta Turma, julgado em 07/12/2017, DJe 15/12/2017)

Já no tocante às medidas de combate à corrupção, as disposições em convenções internacionais que versam sobre o tema tendem a utilizar um menor rigor punitivo nos crimes, como a criação de instrumentos que permitam a barganha e a negociação, e também atestam a obtenção de resultados satisfatórios na implantação de incentivos aos comportamentos colaborativos e cooperativos dos agentes envolvidos.[19] E isto envolve tanto investigados (pessoas físicas ou jurídicas)

---

[19] É tão verdade que "A promulgação da Lei nº 12.846/2013 é em parte inspirada em normativos multilaterais, tais como a Convenção interamericana contra a corrupção, editada pela Organização dos Estados Americanos (OEA, 1996), a Convenção sobre combate à corrupção de fun-

como os mais diversos órgãos institucionais investigativos, inclusive em âmbito internacional.

> [...] VII – No âmbito da Administração Pública, desde a Lei n. 8.987/95, denominada Lei Geral das Concessões e Permissões de Serviços Públicos, com a redação dada pela Lei n. 11.196/05, há previsão expressa de que o contrato poderá dispor sobre o emprego de mecanismos privados para resolução de conflitos, inclusive a arbitragem. No mesmo sentido a Lei n. 9.478/97, que regula a política energética nacional, as atividades relativas à extração de petróleo e a instituição da ANP (art. 43, X) e a Lei n. 13.129/15, que acresceu os §§ 1º e 2º, ao art. 1º da Lei n. 9.307/96, quanto à utilização da arbitragem pela Administração Pública. VIII – A jurisdição estatal decorre do monopólio do Estado de impor regras aos particulares, por meio de sua autoridade, consoante princípio da inafastabilidade do controle judicial (art. 5º, XXXV, da Constituição da República), enquanto a jurisdição arbitral emana da vontade dos contratantes. IX – A jurisdição arbitral precede a jurisdição estatal, incumbindo àquela deliberar sobre os limites de suas atribuições, previamente a qualquer outro órgão julgador (princípio da competência-competência), bem como sobre as questões relativas à existência, à validade e à eficácia da convenção de arbitragem e do contrato que contenha a cláusula compromissória (arts. 8º e 20, da Lei n. 9.307/96, com a redação dada pela Lei n. 13.129/15). X – Convivência harmônica do direito patrimonial disponível da Administração Pública com o princípio da indisponibilidade do interesse público. A Administração Pública, ao recorrer à arbitragem para solucionar litígios que tenham por objeto direitos patrimoniais disponíveis, atende ao interesse público, preservando a boa-fé dos atos praticados pela Administração Pública, em homenagem ao princípio da segurança jurídica. XI – A arbitragem não impossibilita o acesso à jurisdição arbitral por Estado-Membro, possibilitando sua intervenção como terceiro interessado. Previsões legal e contratual. XIII – Prematura abertura da instância judicial em descompasso com o disposto no art. 3º, § 2º, do CPC/2015 e os termos da Convenção Arbitral. (CC 139.519/RJ, Rel. Ministro Napoleão Nunes Maia Filho, Rel. p/ Acórdão Ministra Regina Helena Costa, Primeira Seção, julgado em 11/10/2017, DJe 10/11/2017)

Em todas essas diretrizes, conforme já referido, o ponto em comum é a compreensão do outro como uma extensão de si mesmo, merecedor de novas oportunidades após o erro (já que todos estão suscetíveis a não acertar em todas as suas escolhas), permitindo a construção de uma sociedade mais fraterna, solidária e ética. O que resta claro é a tendência de uma valorização de um comportamento ético em todas as searas da sociedade. Parece não haver dúvidas que a força do diálogo vem encontrando seu lugar junto aos institutos jurídicos, sendo objeto e meio de transformação.

---

cionários estrangeiros em transações comerciais internacionais, editada pela Organização para a Cooperação do Desenvolvimento Econômico (OCDE, 1997), a Convenção das Nações Unidas contra a corrupção (ONU, 2005), bem como em normas de países desenvolvidos como o *Foreing corrupt practices act* (EUA, 1997) e o Bribery act (Reino Unido, 2011)." (FERRAZ, ob. cit., p. 34)

4. A interpretação sistemática da legislação leniente no combate à corrupção

4.1. Inspiração e evolução da ética colaborativa

Se a razão de existir do Estado é a pacificação e o controle do comportamento social de modo a permitir que cada indivíduo desenvolva seu potencial humanístico numa relação ética e harmoniosa com os demais, deve utilizar dos mais diversos mecanismos para este intento. O principal deles é o Direito por meio da capacidade de projetar e arquitetar as decisões políticas e torná-las efetivas, seja qual for o modo e forma pela qual se sustenta. Um dos recursos jurídicos, para tanto, é a utilização do poder sancionador.

Como visto, para Immanuel Kant, o exemplo maior de coerção seria a pena judicial, de âmbito impositivo-punitivo ao se descumprir uma previsão legal. Mas o poder sancionador não tem de necessariamente ter em mira a punição e, sim, o direcionamento para uma conduta e outras posturas políticas sancionadoras podem ser adotadas, a exemplo das sanções premiais (na concepção de Norberto Bobbio[20]) e dos incentivos ou empurrões denominados de *nudges*, expressão cunhada por Cass Sunstein e Ricard H. Thaler,[21] aliás, sendo este o merecedor do Prêmio Nobel de Economia em 2017.

A premiação à colaboração ou cooperação com as autoridades legais para a elucidação de crimes visando ao abrandamento da pena ou perdão dos coautores foi trazida pela Lei nº 8.072/90 (Lei de Crimes Hediondos) quando acrescentou o § 4º ao art. 159 do Código Penal.[22] Na sequência, diversos outros diplomas legais foram acrescentados ao ordenamento jurídico pátrio com o mesmo fim colaborativo na seara criminal, como a Lei nº 9.080/95,[23] Lei nº 9.613/1998,[24]

---

[20] O autor italiano se refere à sanções premiais, como "estímulos à execução ou superexecução de comandos" ou como "técnicas de encorajamento"(*in* BOBBIO, Norberto. *Da Estrutura à Função*: Novos Estudos de Teoria do Direito. Tradução: Daniela Beccaccia Versiani. Barueri: Manoele, 2007, p. 23).

[21] Vide SUNSTEIN, Cass. *Why Nudge? The Politics of Libertarian Paternalism*. New Haven & London: Yale University Press, 2012; e THALER, Richard H.; SUNSTEIN, Cass. *Nudge. Improving Decisions About Health, Wealth, and Happines*. New York: Penguin Books, 2009.

[22] "Se o crime é cometido por quadrilha ou bando, o coautor que denunciá-lo à autoridade, facilitando a libertação do seqüestrado, terá sua pena reduzida de um a dois terços".

[23] No caso, a lei inseriu o parágrafo único ao Art. 16 , da Lei n. 8.137/90, com a seguinte reação: "Nos crimes previstos nesta Lei, cometidos em quadrilha ou co-autoria, o co-autor ou partícipe que através de confissão espontânea revelar à autoridade policial ou judicial toda a trama delituosa terá a sua pena reduzida de um a dois terços".

[24] O § 5º do art. 1º tinha a seguinte redação: "A pena será reduzida de um a dois terços e começará a ser cumprida em regime aberto, podendo o juiz deixar de aplicá-la ou substituí-la por pena restritiva de direitos, se o autor, co-autor ou partícipe colaborar espontaneamente com as autori-

Lei nº 9.807/1999,[25] Lei nº 11.343/2006,[26] Lei nº 12.846/2013 e Lei nº 12.850/2013.[27] Por sua vez, o instituto do acordo de leniência celebrado por pessoas jurídicas foi incorporado no ordenamento brasileiro por meio da Lei nº 10.149/2000, que acrescentou alguns artigos à Lei nº 8.884/94,[28] com o escopo notório de coibir práticas ilícitas anticompetitivas, induzindo a colaboração de atores em troca de benefícios nas esferas penal e administrativa. Atualmente, o programa de leniência do CADE encontra-se disciplinado nos arts. 86 e 87 da Lei nº 12.529/2011 e nos arts. 197 a 210 do Regimento Interno do CADE.

Já os acordos de leniência celebrados por pessoas jurídicas (e a que se tem maior interesse neste trabalho) foram instituídos pela Lei nº 12.846/2013 (amplamente denominada Lei Anticorrupção, embora considera-se mais adequado a expressão "Lei de Improbidade Empresarial",[29] e foi inspirada na Lei do Conselho Administrativo de Defesa

---

dades, prestando esclarecimentos que conduzam à apuração das infrações penais e de sua autoria ou à localização dos bens, direitos ou valores objeto do crime". Posteriormente, com a edição da Lei n. 12.683/12, teve sua redação alterada para: § 5º "A pena poderá ser reduzida de um a dois terços e ser cumprida em regime aberto ou semiaberto, facultando-se ao juiz deixar de aplicá-la ou substituí-la, a qualquer tempo, por pena restritiva de direitos, se o autor, coautor ou partícipe colaborar espontaneamente com as autoridades, prestando esclarecimentos que conduzam à apuração das infrações penais, à identificação dos autores, coautores e partícipes, ou à localização dos bens, direitos ou valores objeto do crime".

[25] Embora a lei verse sobre a proteção de acusados ou condenados que tenham voluntariamente prestado efetiva colaboração à investigação policial e ao processo criminal, cabe mencionar o disposto no seu art. 13: "Poderá o juiz, de ofício ou a requerimento das partes, conceder o perdão judicial e a conseqüente extinção da punibilidade ao acusado que, sendo primário, tenha colaborado efetiva e voluntariamente com a investigação e o processo criminal, desde que dessa colaboração tenha resultado: I – a identificação dos demais co-autores ou partícipes da ação criminosa; II – a localização da vítima com a sua integridade física preservada; III – a recuperação total ou parcial do produto do crime".

[26] "Art. 41. O indiciado ou acusado que colaborar voluntariamente com a investigação policial e o processo criminal na identificação dos demais co-autores ou partícipes do crime e na recuperação total ou parcial do produto do crime, no caso de condenação, terá pena reduzida de um terço a dois terços. [...] Art. 49. Tratando-se de condutas tipificadas nos arts. 33, caput e § 1º, e 34 a 37 desta Lei, o juiz, sempre que as circunstâncias o recomendem, empregará os instrumentos protetivos de colaboradores e testemunhas previstos na Lei nº 9.807, de 13 de julho de 1999. [...] Art. 68. A União, os Estados, o Distrito Federal e os Municípios poderão criar estímulos fiscais e outros, destinados às pessoas físicas e jurídicas que colaborem na prevenção do uso indevido de drogas, atenção e reinserção social de usuários e dependentes e na repressão da produção não autorizada e do tráfico ilícito de drogas".

[27] Dispõe sobre a colaboração premiada na repressão às organizações criminosas.

[28] Chama-se a atenção ao art. 35-B, com a seguinte redação: "A União, por intermédio da SDE, poderá celebrar acordo de leniência, com a extinção da ação punitiva da administração pública ou a redução de um a dois terços da penalidade aplicável, nos termos deste artigo, com pessoas físicas e jurídicas que forem autoras de infração à ordem econômica, desde que colaborem efetivamente com as investigações e o processo administrativo e que dessa colaboração resulte: I – a identificação dos demais co-autores da infração; e II – a obtenção de informações e documentos que comprovem a infração noticiada ou sob investigação". Os parágrafos que o acompanham delimitam o procedimento deste acordo.

[29] Dr. Luciano Ferraz defende o nome de "Lei de Improbidade Empresarial", pois o objetivo central da lei, segundo ele, é "tutelar a lisura comportamental dos agentes de mercado que se rela-

Econômica e nas práticas internacionais) e visam à celebração de compromissos entre o Poder Público com pessoas jurídicas, em tese, responsáveis civil ou administrativamente pela prática dos atos contra a Administração Pública, nacional ou estrangeira. Tais acordos têm o objetivo de garantir que as empresas colaborem efetivamente com as investigações e com o processo administrativo, permitindo e facilitando a identificação dos demais envolvidos nas supostas infrações, e também objetivam *evitar que a empresa seja responsabilizada objetivamente no âmbito administrativo, permitindo-lhes a manutenção de suas relações com o poder público*.

4.2. Considerações acerca da lei de improbidade empresarial

Observa-se um interesse, portanto, do Poder Público na continuidade da prestação dos serviços ou fornecimento de produtos pelas empresas envolvidas em atos de corrupção e outros delitos administrativos. Ou seja, aquilo que deveria ser extirpado a título de conduta culposa, acaba recebendo um "salvo conduto" e a prática econômica tem sua continuidade, salvando empregos e contribuindo economicamente para a sociedade em geral (Kant certamente não concordaria com a prática!). Assim, mesmo que tenha ocorrido a prática de crimes licitatórios, o acordo de leniência celebrado poderá isentar ou atenuar as sanções administrativas estabelecidas nos arts. 86 a 88 da Lei nº 8.666/90, de acordo com a previsão do art. 17 da Lei nº 12.846/13.[30] Neste sentido, não se declarará a inidoneidade da empresa e também a empresa poderá deixar de ser suspensa temporariamente da participação em futuros certames.

Embora publicada no dia 1º de agosto de 2013 e entrando em vigência 180 (cento e oitenta) dias depois, em 18 de dezembro de 2015 entrou em vigor a Medida Provisória nº 703, que, de acordo com sua exposição de motivos, possuía texto análogo ao Projeto de Lei do Senado nº 105/2015, e tornava o acordo de leniência mais célere e seguro, ampliando a possibilidade de acordos. Também trazia as seguintes inovações:

---

cionam com o Poder Público no Brasil, impregnando os estratagemas comerciais com a noção corporativa de *compliance*" (in FERRAZ, Luciano. Reflexões sobre a Lei nº 12.846/2013 e seus impactos nas relações público-privadas – Lei de improbidade empresarial e não lei anticorrupção. *Revista Brasileira de Direito Público – RBDP*. Belo Horizonte, ano 12, n. 47, p. 34, out./dez. 2014). Em que pese tal denominação da lei em comento ser de minoritária adesão, considera-se melhor formulada e será doravante adotada.

[30] "Art. 17. A administração pública poderá também celebrar acordo de leniência com a pessoa jurídica responsável pela prática de ilícitos previstos na Lei nº 8.666, de 21 de junho de 1993, com vistas à isenção ou atenuação das sanções administrativas estabelecidas em seus arts. 86 a 88". A redação da MP 703/2015 previa a alteração deste dispositivo para alcançar quaisquer normas que versassem sobre licitações e contratos públicos.

10. As inovações permitem em síntese que o acordo de leniência seja celebrado com a participação do Ministério Público e da Advocacia Pública, com o escopo de dar segurança jurídica às empresas celebrantes, tendo em vista os efeitos do acordo nas esferas administrativa e civil. Ou seja, o acordo de leniência celebrado com a participação de todos os atores impedirá o ajuizamento de ação por improbidade administrativa e de quaisquer outras ações cíveis contra a empresa pelo mesmo fato objeto do acordo. 11. Para a celebração do acordo de leniência impõe-se como condição a adoção ou o aperfeiçoamento de mecanismos de integridade, com o propósito de constituir estruturas e práticas internas à empresa para evitar que ela volte a incorrer nas infrações previstas na lei. 12. No tocante à reparação do dano, a Medida Provisória resguarda a competência dos Tribunais de Contas para apurar o dano ao Erário, quando entender que o valor previsto no acordo celebrado é insuficiente para a reparação integral. Caso em que será assegurado o contraditório e a ampla defesa. 13. Outra inovação diz respeito à possibilidade de o acordo de leniência poder ser realizado com mais de uma pessoa jurídica nos casos de conluio. Com essa previsão, o texto se alinha às normas internacionais, permitindo que apenas a primeira empresa a se manifestar pelo acordo possa obter a remissão total da multa.[31]

No entanto, a Medida Provisória não foi apreciada pelo Congresso Nacional no tempo regimental e teve sua vigência encerrada pelo Ato Declaratório do Presidente da Mesa do Congresso Nacional n° 27, em 30 de maio de 2016, gerando a repristinação do texto original da Lei n° 12.846/13.

4.3. O microssistema da tutela ética nas relações político-administrativas no Brasil: alguns problemas

A Lei de Improbidade Empresarial se insere num rol legislativo que, bem articulado, gera um verdadeiro "microssistema normativo de tutela da ética nas relações político-administrativas no Brasil".[32] Juntamente com a Lei n° 8.429/92 (Lei de Improbidade Administrativa), a Lei n° 1.079/52 e o Decreto-Lei n° 201/67 (Leis dos Crimes de Responsabilidade), a Lei Complementar n° 64/90 (Lei das Inelegibilidades), além de diversos instrumentos dos Tribunais de Contas dos Estados que normatizam o Termo de Ajustamento de Gestão (TAG),[33] têm como objetivo defender um comportamento probo dos agentes de mercado em suas relações com o Poder Público no Brasil (e também no exterior, considerando os vários tratados e convenções internacionais de que o

---

[31] Exposição de motivos da MP 703/2015, disponível em <http://www.planalto.gov.br/ccivil_03/_Ato2015-2018/2015/Exm/Exm-MP-703-15.pdf>

[32] FERRAZ, op. cit., p. 33.

[33] O Tribunal de Contas do Estado do Paraná editou a Resolução n° 59/2017 neste sentido, assim como o Tribunal de Contas do Estado de Minas Gerais, por meio da Resolução

país é signatário que visam ao combate à corrupção),[34] amalgamando estratégias empresariais com a noção de corporativa de *compliance*.

A Lei nº 12.846/13 veio colmatar lacunas deixadas pela Lei nº 8.429/92, em especial a penalização administrativa e judicial de condutas exclusivamente empresariais, já que a lei de improbidade administrativa previa a imputação de responsabilidade a agentes públicos em conluio com particulares e considerando que a maioria das condutas típicas na lei de 2013 são previstas ou na própria Lei de Improbidade ou na Lei nº 8.666/93.

A diferença de qual disposição ser aplicada, portanto, será a existência ou não da participação direta ou indireta de agente público com a atividade empresarial. Existindo, será aplicada a Lei nº 8.429/92; inexistindo sua participação, aplica-se a Lei nº 12.846/13, para efeitos de configuração de improbidade. Corroborando esta afirmação:

> [...] a partir da Lei nº 12.846/2013 as condutas empresariais ímprobas passarão a ter ambiência de tutela jurídica punitiva autônoma, porém excludente, em relação à da Lei nº 8.429/1992. É dizer: a lei nova terá aplicação para condutas empresariais nela definidas, desde que não tenham contado com a participação direta ou indireta de agentes públicos em conjunto com os agentes empresariais. Se esta participação se verificar – estabelecendo-se o envolvimento entre a empresa e o agente público – a trilha jurídica a ser perseguida para a punição das infrações de ambos será a da Lei nº 8.429/1992 e não a da Lei nº 12.846/2013, que descreve condutas exclusivamente empresariais como suscetíveis de suas iras.[35]

Neste sentido, surge o *primeiro problema* sobre os acordos de leniência. Lembrando que a Medida Provisória nº 703/2015 perdeu sua vigência sem sua aprovação pelo Congresso Nacional, fez repristinar a redação original daquilo que havia sido alterado e restaurar os dispositivos por ela revogados. É preciso mencionar também que a Lei de Improbidade Administrativa dispõe no § 1º do art. 17: "É vedada a transação, acordo ou conciliação nas ações de que trata o *caput*".[36] Assim, pela aplicação da Lei nº 8.429/92, não haveria possibilidade de se firmarem acordos de leniência, após restaurado este dispositivo (os atos praticados durante a vigência da MP são válidos em apreço à preservação do ato jurídico perfeito), mas plenamente cabível o pacto com a incidência da Lei nº 12.846/2013. Em tese, não haveria vantagem para o

---

[34] São dignos de menção "a Convenção interamericana contra a corrupção, editada pela Organização dos Estados Americanos (OEA, 1996), a Convenção sobre combate à corrupção de funcionários estrangeiros em transações comerciais internacionais, editada pela Organização para a Cooperação do Desenvolvimento Econômico (OCDE, 1997), a Convenção das Nações Unidas contra a corrupção (ONU, 2005), bem como em normas de países desenvolvidos como o *Foreing corrupt practices act* (EUA, 1997) e o *Bribery act* (Reino Unido, 2011)." (FERRAZ, op. cit., p. 34).

[35] FERRAZ, ob. cit., p. 36.

[36] "Art. 17. A ação principal, que terá o rito ordinário, será proposta pelo Ministério Público ou pela pessoa jurídica interessada, dentro de trinta dias da efetivação da medida cautelar".

ente empresarial assumir sua participação no ato criminoso com agente público e contribuir com a elucidação de crimes contra a administração pública, evitando a incidência da Lei de Improbidade Administrativa, pois não conseguiria as vantagens do acordo de leniência que estaria previsto apenas na incidência da Lei nº 12.846/2013.

O *segundo problema* a ser aventado é a necessidade ou não da análise do elemento subjetivo da conduta dos agentes empresariais, em que pese a disposição expressa dos arts. 1º e 2º da Lei nº 12.846/2013.[37] O prof. Dr. Luciano Ferraz entende que tal elemento é essencial à caracterização da improbidade administrativa à luz da jurisprudência pacífica do STJ neste sentido,[38] ao menos em relação à caracterização das condutas tipificadas nos arts. 9º e 11 da Lei de Improbidade Administrativa.[39] Ademais, as leis de improbidade administrativa e empresarial possuem o mesmo fundamento de validade, qual seja, os §§ 4º e 5º do art. 37 da Constituição Federal.[40] É a defesa do mencionado jurista mineiro:

> Note-se, ainda no âmbito do elemento subjetivo das condutas, que a Lei nº 12.846/2013 não prevê a possibilidade de imputação de sanções a condutas culposas (descritas no art. 5º), talvez por ter confiado demais na possibilidade de imputação da responsabilidade objetiva prevista no art. 1º. O silêncio do legislador faz inexorável a aproximação, ainda que não tenha sido essa a intenção dos seus progenitores, entre o art. 5º da lei nova e os artigos 9º e 11 da Lei nº 8.429/1992. Estes últimos exigem a presença do dolo para efeito de imputação dessas sanções. Nesse sentido, a redação do art. 5º, diferentemente dos artigos. 9º, 10 e 11 da Lei nº 8.429/1992 (cujo rol é exemplificativo), arrola taxativamente as condutas passíveis de penalização nos seus termos. Isto porque o legislador se utilizou da expressão: "assim entendidas" (vide parte final do dispositivo), deixando ver tratar-se de rol exaustivo.[41]

---

[37] Art. 1º. Esta Lei dispõe sobre a responsabilização objetiva administrativa e civil de pessoas jurídicas pela prática de atos contra a administração pública, nacional ou estrangeira. [...] Art. 2º. As pessoas jurídicas serão responsabilizadas objetivamente, nos âmbitos administrativo e civil, pelos atos lesivos previstos nesta Lei praticados em seu interesse ou benefício, exclusivo ou não.

[38] FERRAZ, Ob. cit., p. 37.

[39] "Para a correta fundamentação da condenação por improbidade administrativa, é imprescindível, além da subsunção do fato à norma, estar caracterizada a presença do elemento subjetivo. A razão para tanto é que a Lei de Improbidade Administrativa não visa punir o inábil, mas sim o desonesto, o corrupto, aquele desprovido de lealdade e boa-fé. [...] Precedentes: AgRg no REsp 1.500.812/SE, Rel. Ministro Mauro Campbell Marques, Segunda Turma, DJe 28/5/2015; REsp 1.512.047/PE, Rel. Ministro Herman Benjamin, Segunda Turma, DJe 30/6/2015; REsp 1.397.590/CE, Rel. Ministra Assusete Magalhães, Segunda Turma, DJe 5/3/2015; AgRg no AREsp 532.421/PE, Rel. Ministro Humberto Martins, Segunda Turma, DJe 28/8/2014" (REsp 1.508.169/PR, Rel. Ministro Herman Benjamin, Segunda Turma, julgado em 13/12/2016, DJe 19/12/2016). (REsp 1622001/DF, Rel. Ministro OG FERNANDES, SEGUNDA TURMA, julgado em 05/12/2017, DJe 13/12/2017).

[40] Art. 37. [...] § 4º Os atos de improbidade administrativa importarão a suspensão dos direitos políticos, a perda da função pública, a indisponibilidade dos bens e o ressarcimento ao erário, na forma e gradação previstas em lei, sem prejuízo da ação penal cabível. § 5º A lei estabelecerá os prazos de prescrição para ilícitos praticados por qualquer agente, servidor ou não, que causem prejuízos ao erário, ressalvadas as respectivas ações de ressarcimento.

[41] FERRAZ, Ob. cit., p. 38-9.

Não obstante a isso, chama-se a atenção para o inciso V do art. 5º da Lei de Improbidade Empresarial,[42] pois na conduta ali prevista não serve para o seu enquadramento a simples falta de colaboração da empresa com os órgãos de controle, ante a vedação da obrigação de produção de prova contra si mesmo – *nemo tenetur se detegere*. Exige-se alguma prática ativa fraudulenta no sentido descrito pelo dispositivo.

Por fim, o *terceiro problema* que também exige uma maior acuidade é a participação do Ministério Público nos acordos de leniência. Inicialmente, de acordo com o *caput* do art. 3º da Lei nº 12.846/2013, "a responsabilização da pessoa jurídica não exclui a responsabilidade individual de seus dirigentes ou administradores ou de qualquer pessoa natural, autora, coautora ou partícipe do ato ilícito". Isto significa que, celebrando o acordo de leniência, somente a pessoa jurídica se beneficiaria com o ajuste. Nada impediria que o Ministério Público, por não participar da celebração, ajuizasse ação penal visando a responsabilidade criminal do seu dirigente ou administrador. Isto não torna interessante qualquer acordo de leniência, pois na maioria das vezes quem toma a decisão por firmá-lo é justamente o dirigente ou administrador. Além disso, com o encerramento da vigência da MP 703/2015, também saem de cena dois importantes dispositivos acrescentados por ela e que faziam o papel de estímulo ao comportamento colaborativo: os §§ 11 e 12 do art. 16, da Lei de Improbidade Empresarial, que assim dispunham:

> § 11. O acordo de leniência celebrado com a participação das respectivas Advocacias Públicas impede que os entes celebrantes ajuízem ou prossigam com as ações de que tratam o art. 19 desta Lei e o art. 17 da Lei nº 8.429, de 2 de junho de 1992, ou de ações de natureza civil.
>
> § 12. O acordo de leniência celebrado com a participação da Advocacia Pública e em conjunto com o Ministério Público impede o ajuizamento ou o prosseguimento da ação já ajuizada por qualquer dos legitimados às ações mencionadas no § 11.

Num segundo momento, questiona-se a própria possibilidade do Ministério Público ou dos órgãos responsáveis em celebrar os acordos de leniência, como a Controladoria Geral da União (CGU, a partir do § 10 do art. 16 da Lei nº 12.846/2013) nestas negociações. Seja pela diminuição das sanções previstas ou pelo perdão, com a extinção da punibilidade, o que se tem é muito mais uma aplicação de uma decisão em não punir ou em amenizar a pena. Tal atribuição seria da magistratura. Quando o órgão responsável pela investigação ou pela acusação negocia, ele mesmo aplica uma pena. Esta prática não fugiria da separação

---

[42] Art. 5º. [...] V – dificultar atividade de investigação ou fiscalização de órgãos, entidades ou agentes públicos, ou intervir em sua atuação, inclusive no âmbito das agências reguladoras e dos órgãos de fiscalização do sistema financeiro nacional.

institucional dos poderes e não beira a um retorno do período inquisitivo? Todas estas questões e as soluções para os problemas levantados podem ser explicados a partir de uma interpretação sistemática, que será analisada no tópico seguinte.

4.4. A interpretação jurídica é interpretação sistemática ou não é interpretação

O título deste tópico é uma frase do prof. Dr. Juarez Freitas, que desenvolve com lucidez e perspicácia a teoria da interpretação sistemática do Direito. Para ele,

[...] a interpretação sistemática deve ser concebida como uma operação que consiste em atribuir, topicamente, a melhor significação, dentre várias possíveis, aos princípios, às normas estritas (ou regras) e aos valores jurídicos, hierarquizando-os num todo aberto, fixando-lhes o alcance e superando as antinomias em sentido amplo, tendo em vista bem solucionar os casos sob apreciação. De fato, a interpretação sistemática é, em todas as hipóteses, hierarquizadora, utilizada tal expressão em sintonia com o conceito de sistema jurídico adotado. E mais: não só a interpretação extensiva ou a aplicação analógica, senão que toda e qualquer interpretação deve ser vista funcionalmente como sistemática e, em razão disso, hierarquizadora.[43]

Destarte, na resolução do primeiro problema apresentado no tópico anterior, acerca da repristinação do § 1º do art. 17 da Lei nº 8.429/92, considerando o microssistema normativo de tutela da ética nas relações político-administrativas no Brasil ainda estar em construção e o aspecto temporal, defende-se a sua revogação tácita, considerando o teor do § 1º do art. 2º da Lei de Introdução às Normas do Direito Brasileiro (Decreto-Lei nº 4.657/1942): "A lei posterior revoga a anterior quando expressamente o declare, quando seja com ela incompatível ou quando regule inteiramente a matéria de que tratava a lei anterior".

Em relação ao segundo problema, sobre a necessidade de comprovação do elemento subjetivo, considerando o entendimento pacífico do Superior Tribunal de Justiça nos julgamentos que têm por fundamento a aplicação das condutas previstas na Lei nº 8.429/92, posição esta defendida pelo jurista Luciano Ferraz, com a máxima vênia, ousa-se discordar. A Lei nº 12.486/2013 dispôs sobre a responsabilidade objetiva das pessoas jurídicas, pois obtiveram algum proveito decorrente do ato ilícito praticado e deverão arcar com as consequências neste sentido. Mesmo inexistindo o elemento subjetivo, houve a percepção de alguma vantagem econômica e, muito comumente, influencia o equilíbrio econômico-financeiro de seus concorrentes, que poderiam obter uma vantagem lícita e moral num procedimento licitatório regular. Uma

---

[43] FREITAS, Juarez. *A interpretação sistemática do Direito*. 5ª ed. São Paulo: Malheiros, 2010, p. 276.

compreensão contrária é corroborar com um modelo econômico-capitalista baseado em fraudes, corrupção e em prejuízo a terceiros de boa-fé, que ficam impedidos de se desenvolverem economicamente e contribuir no desenvolvimento sadio da nação. O elemento subjetivo será necessário para a configuração de responsabilidade individual "de seus dirigentes ou administradores ou de qualquer pessoa natural, autora, coautora ou partícipe do ato ilícito" (parte final do *caput* do art. 2º da Lei de Improbidade Empresarial). Ademais, segundo a disposição dos parágrafos deste artigo, "a pessoa jurídica será responsabilizada independentemente da responsabilização individual das pessoas naturais" (§ 1º), e "os dirigentes ou administradores somente serão responsabilizados por atos ilícitos na medida da sua culpabilidade" (§ 2º).

Finalmente, quanto ao terceiro problema, ao questionar a participação do Ministério Público ante a perda de vigência da MP nº 703/2015, nada impede sua participação, mesmo porque é "instituição permanente, essencial à função jurisdicional do Estado, incumbindo-lhe a defesa da ordem jurídica, do regime democrático e dos interesses sociais e individuais indisponíveis" (art. 127 da CF), e uma de suas funções institucionais é, conforme o art. 129, II, da CF, "zelar pelo efetivo respeito dos Poderes Públicos e dos serviços de relevância pública aos direitos assegurados nesta Constituição, promovendo as medidas necessárias a sua garantia". Não obstante a isso, sem a participação do *parquet*, dificilmente seriam obstadas as ações de improbidade e as ações penais. Tais disposições que perderam vigência (§§ 11 e 12 do art. 16) asseguravam a guarda necessária às empresas para que o Ministério Público não tomasse medidas de responsabilização criminal contra seus dirigentes e administradores e outros procedimentos sancionadores contra a própria pessoa jurídica. A partir de agora, se a legislação não garantir, dando certeza e segurança jurídicas, dificilmente se firmarão acordos de leniência sem que o Ministério Público esteja presente, pois sua participação não está vedada como aqui se defende.[44]

E quanto à questão do Ministério Público ou outros órgãos representativos do Poder executivo firmarem acordos e este forem considerados como "aplicação de pena", função exclusiva do Poder Judiciário, entende-se sempre será necessário a chancela do magistrado ou

---

[44] "[...] apesar de o Ministério Público ter sua legitimidade amplamente reconhecida pela sociedade e pelas demais instituições, não poderá se abster de zelar por uma apuração mais ampla possível do dano causado, de convocar a participação dos demais colegitimados e explicitar de forma detalhada a fundamentação fática e jurídica para fins de controle popular" (ROCHA, Marcelo Dantas; ZAGANELLI, Margareth Vetis. O ajustamento de conduta em atos de improbidade administrativa: anacronismos na vedação da transação na lei brasileira. *Cadernos de Dereito Actual*. Santiago de Compostella, n. 7 Extraordinario (2017), pp. 147-162. Disponível em <http://www.cadernosdedereitoactual.es/ojs/index.php/cadernos/article/view/221/137>. Acesso em: 7 fev. 2018.)

tribunal competente, considerando os agentes públicos envolvidos terem ou não prerrogativa de foro. Ademais, levando em consideração o disposto na Resolução n. 181/2017-CNMP, recentemente alterada pela Resolução nº 183/2018-CNMP,[45] sob pena de flagrante inconstitucionalidade por desvio de função, atentatório ao princípio da separação de poderes (ar. 60, § 4º, III, da CF) e também pela necessidade de que os acordos de leniência não poderão ficar sem qualquer controle externo.

5. À guisa de conclusão

No modelo de Direito que o Brasil vem adotando, percebe-se que elementos do direito responsivo vem alcançando cada vez maior projeção. Contudo, em que pese alguns sinais de sua adoção sem o amparo legal, o que se pode afirmar serem fatos diminutos, mas cm uma tendência de tomar ares de potencialidade, cada vez mais o ordenamento jurídico, numa concepção de Direito autônomo ou de Estado de Direito, outorga instrumentos para as instituições legais assumirem um protagonismo maior, ou seja, uma autorização ou legitimação para uma atuação que visa à solução ou à resolução notadamente de problemas sociais, influenciado pelas exigências populares. Não se quer dizer com isto que as reivindicações sociais serão sempre atendidas. Mas a razão ainda tende a prevalecer aliado a um impositivo ético que é indissociável do Direito.

Tanto as esferas criminal, civil e administrativa já buscam inspiração nesta concepção, com a adesão, via de regra, ao Direito Penal mínimo, ao consensualismo e à ética de colaboração, respectivamente, embora seja natural a ocorrência de tensões em sua acolhida refutação.

Não é exagero afirmar que os acordos de leniência são o resultado de um diálogo entre o Direito responsivo e o impositivo ético, amoldados no estado Democrático de Direito, observando suas características essenciais, mas aberto a novos procedimentos. A mudança de paradigma não ocorre sem tensões. Compreendê-las, entretanto, é imprescindível.

---

[45] Os §§ 5º e 6º do art. 18, com redação dada pela Resolução 183, de 24 de janeiro de 2018, determinam: "§ 5º Se o juiz considerar o acordo cabível e as condições adequadas e suficientes, devolverá os autos ao Ministério Público para sua implementação. § 6º Se o juiz considerar incabível o acordo, bem como inadequadas ou insuficientes as condições celebradas, fará remessa dos autos ao procurador-geral ou órgão superior interno responsável por sua apreciação, nos termos da legislação vigente, que poderá adotar as seguintes providências: I – oferecer denúncia ou designar outro membro para oferecê-la; II – complementar as investigações ou designar outro membro para complementá-la; III – reformular a proposta de acordo de não persecução, para apreciação do investigado; IV – manter o acordo de não persecução, que vinculará toda a Instituição".

Perceberá, outrossim, que esta nova forma de agir e pensar o Direito exigirá dos juristas e operadores novas habilidades e formas de atuação. Técnicas de negociação, persuasão, administração e liderança de equipes, serão as novas ferramentas e objeto de apreensão cognoscitiva dos juristas e operadores do Direito.

Referências bibliográficas

BARRETO, Vicente de Paulo. *O Fetiche dos Direitos Humanos e outros Temas*. Porto Alegre: Livraria do Advogado, 2013.

BOBBIO, Norberto. *Da Estrutura à Função*: Novos Estudos de Teoria do Direito. Tradução: Daniela Beccaccia Versiani. Barueri: Manoele, 2007.

BRASIL. Conselho Nacional de Justiça. *Resolução n. 125, de 29 de novembro de 2010*. Disponível em: http://www.cnj.jus.br/images/atos_normativos/resolucao/resolucao_125_29112010_11032016162839.pdf. Acesso em: 8 fev. 2018.

——. Conselho Nacional do Ministério Público. *Resolução n. 118, de 1º de dezembro de 2014*. Disponível em: http://www.cnmp.mp.br/portal/images/Normas/Resolucoes/Resolu%C3%A7%C3%A3o_n%C2%BA_118_autocomposi%C3%A7%C3%A3o.pdf. Acesso em: 8 fev. 2018.

——. *Decreto-Lei 4.657, de 4 de setembro de 1942*. Disponível em: http://www.planalto.gov.br/ccivil_03/decreto-lei/Del4657compilado.htm. Acesso em: 8 fev. 2018.

——. *Lei. n. 8.072, de 25 de julho de 1990*. Disponível em: http://www.planalto.gov.br/ccivil_03/Leis/L8072.htm. Acesso em: 7 fev. 2018.

——. *Lei n. 8.137, de 27 de dezembro de 1990*. Disponível em: http://www.planalto.gov.br/Ccivil_03/leis/L8137.htm. Acesso em: 7 fev. 2018.

——. *Lei n. 8.429, de 2 de junho de 1992*. Disponível em: http://www.planalto.gov.br/ccivil_03/LEIS/L8429.htm. Acesso em: 7 fev. 2018.

——. *Lei n. 8.666, de 21 de junho de 1993*. Disponível em: http://www.planalto.gov.br/ccivil_03/Leis/L8666cons.htm. Acesso em: 8 fev. 2018.

——. *Lei n. 9.613, de 3 de março de 1998*. Disponível em: http://www.planalto.gov.br/ccivil_03/leis/l9613.htm. Acesso em: 7 fev. 2018.

——. *Lei n. 11.343, de 23 de agosto de 2006*. Disponível em: http://www.planalto.gov.br/ccivil_03/_ato2004-2006/2006/lei/l11343.htm. Acesso em: 7 fev. 2018.

——. *Lei n. 12.846, de 1º de agosto de 2013*. Disponível em: http://www.planalto.gov.br/ccivil_03/_ato2011-2014/2013/lei/l12846.htm. Acesso em: 7 fev. 2018.

——. *Lei n. 12.850, de 2 de agosto de 2013*. Disponível em: http://www.planalto.gov.br/ccivil_03/_ato2011-2014/2013/lei/l12850.htm. Acesso em: 7 fev. 2018.

——. Superior Tribunal de Justiça. *Conflito de Competência n. 139.519/RJ*, Rel. Ministro Napoleão Nunes Maia Filho, Rel. p/ Acórdão Ministra Regina Helena Costa, Primeira Seção, julgado em 11/10/2017, DJe 10/11/2017.

——. Superior Tribunal de Justiça. *Recurso Especial n. 1531131/AC*, Rel. Ministro Marco Buzzi, Quarta Turma, julgado em 07/12/2017, DJe 15/12/2017.

——. Tribunal de Contas do Estado de Minas Gerais. *Resolução n. 14, de 26 de setembro de 2014*. Disponível em: http://www.tce.mg.gov.br/IMG/Legislacao/legiscont/Resolucoes/2014/R14-14.pdf. Acesso em: 8 fev. 2018.

――. Tribunal de Contas do Estado do Paraná. *Resolução n. 59*, de 7 de fevereiro de 2017. Disponível em: http://www1.tce.pr.gov.br/conteudo/resolucao-n-59-de-1%C2%B0-de-fevereiro-de-2017/297562/area/10. Acesso em: 8 fev. 2018.

CASTANHEIRA NEVES, A. M. *Digesta* – Volume 3º – Escritos acerca do Direito, do Pensamento Jurídico, da sua Metodologia e Outros. Coimbra/PT: Coimbra Editora, 2011.

— 3 —

Condução coercitiva de investigado *versus* presunção de inocência: o autoritarismo processual penal ainda insepulto no Brasil pós-Constituição de 1988

PAULO THIAGO FERNANDES DIAS[1]

Sumário: Introdução; 1. A tradição autoritária do CPP de 1941 e o instituto da condução coercitiva; 1.1. O processo penal brasileiro herdado do Estado novo: um breve resgate histórico e político; 1.2. A ilegalidade da condução coercitiva de pessoa investigada; 2. Da presunção de inocência; Considerações finais; Referências.

Introdução

A presente investigação tem como proposta analisar o instituto da condução coercitiva de pessoa investigada, à luz da atual normatividade constitucional, partindo-se da hipótese de que o uso de referida espécie de detenção é ofensiva ao direito fundamental à presunção de inocência, pilar fundante de qualquer processo penal (e Estado) que se pretenda democrático e constitucional.

O trabalho se dividirá, portanto, em dois momentos. O primeiro capítulo resgatará a origem autoritária do ainda vigente Código de Processo Penal de 1941,[2] expondo suas influências históricas e ideológicas. Já o segundo tópico se destinará ao estudo da presunção de inocência

---

[1] Doutorando em Direito Público pela UNISINOS/RS. Mestre em Ciências Criminais pela PUCRS. Pós-graduado em Direito Penal e Processual Penal pela UGF/RJ. Pós-Graduado em Direito Tributário pela UNAMA/PA. Bacharel em Direito pela UFPA. Ex-professor de Direito e Processo Penal da FACIMP, da FEST e da IESMA/UNISULMA, todas de Imperatriz/MA. Advogado. Membro do IBCCRIM e avaliador da RBCCRIM. Lattes: lattes.cnpq.br/424735323466382. Email: paulothiagofernandes@hotmail.com

[2] A despeito das alterações legislativas sofridas e até do advento do Texto Constitucional de 1988, o Código de Processo Penal brasileiro se mantém vinculado a premissas autoritárias e retrógradas, principalmente nos capítulos referentes ao inquérito policial, ao tema das nulidades e às questões recursais, dentre outras. Nesse sentido, PRADO, Geraldo. *Prova penal e sistema de contro-*

e à maneira como a condução coercitiva vem sendo utilizada, notadamente, em processos espetacularizados e midiáticos, para promover uma inequívoca presunção de culpabilidade da pessoa do conduzido.

Metodologicamente, trata-se de pesquisa qualitativa, desempenhada por levantamento bibliográfico. Ainda que se referencie uma ou outra decisão judicial pertinente ao tema investigado, não se desenvolverá análise de discurso neste trabalho.

Assim, diante de todo o suporte teórico pesquisado, espera-se responder, principalmente, à seguinte questão: a condução coercitiva de investigado, sem prévia intimação, ausente que é de previsão legal, é incompatível com o direito fundamental à presunção de inocência?

1. A tradição autoritária do CPP de 1941 e o instituto da condução coercitiva

Diante da proposta explanada acima, este capítulo será didaticamente repartido em dois, a fim de que a aderência da condução coercitiva de pessoa investigada à ideologia autoritária que formou o Código de Processo Penal em 1941 fique ainda mais explicitada.

Duas demarcações se fazem inadiáveis para a continuação da pesquisa, mesmo que uma abordagem aprofundada não faça parte das pretensões deste trabalho. É importante, assim, fornecer aos leitores concepções norteadoras sobre ideologia, fascismo e autoritarismo.

Segundo Antônio Wolkmer, apesar de toda a complexidade relacionada à missão de fixar um conceito para ideologia, esta é "não só o reflexo simbólico permanente das condições e representações ético-culturais reais e imagináveis, como também a própria racionalização e legitimação de uma estrutura socioeconômica" predominante em determinado contexto histórico-político.[3]

A sua vez, Antonio Gramsci trabalha com duas categorias de ideologia: a) as historicamente orgânicas (servem para a organização das massas e para que as pessoas adquiram consciência sobre suas convicções e pautas) e, b) as arbitrárias (não servem para a pavimentação de estruturas sociais, mas apenas para a criação de movimentos individuais e de meras polêmicas).[4]

---

les epistêmicos: a quebra da cadeia de custódia das provas obtidas por métodos ocultos. 1. ed. São Paulo: Marcial Pons, 2014, p. 23.

[3] WOLKMER, Antonio Carlos. *Ideologia, Estado e Direito*. – 4. ed., rev., atual. e ampl. – São Paulo: Editora Revista dos Tribunais, 2003, p. 109.

[4] GRAMSCI, Antonio. *Concepção Dialética da História*. – 3. ed. – Rio de Janeiro: Civilização Brasileira, 1978, p. 62/63

Nereu Giacomolli aduz, em sentido semelhante ao adotado nesta investigação, que a "ideologia é tida como um conjunto de ideias e valores informantes da direção do pensamento e da ação, na compreensão e resolução de um problema, ou seja, como pensar, o que pensar, como fazer e o que fazer". Logo, a ideologia tem o condão de nortear pensamentos, práticas e pré-entendimentos para o alcance de determinados objetivos.[5]

Na Itália, também na década de 30, viu-se o surgimento e domínio do chamado regime fascista, o qual foi concebido dentro de um caldo cultural ideológico reacionário (que vai da inquisitorialidade à superioridade de raças) e que tinha como premissa fundante a satanização do adversário.[6] O fascismo se estrutura na eliminação (violenta) do adversário e, portanto, no ódio ao pluralismo (compreendido de forma ampla).[7]

O termo *fascismo* procede de *fascio* (da expressão latina *fascis*), significando feixe, instrumento utilizado pelos antecessores dos magistrados romanos para a execução, pelo Estado, daqueles que fossem considerados inimigos da ordem pública, mediante decapitação. Esses funcionários se valiam de um feixe de machados para a execução desse ritual violento.[8] Esses feixes, portanto, tornaram-se símbolos da autoridade estatal e representavam o poder que o Estado exerce sobre o corpo do indivíduo (a exemplo do que se disse sobre o abuso da prática da tortura pelos inquisidores na persecução da verdade real). O Estado é total. O indivíduo se nadifica nesse tipo de estrutura político-ideológica autoritária.[9]

Segundo leciona Paxton, o movimento fascista busca a prevalência do grupo, no qual todos possuem deveres predominantes sobre qualquer direito (de cariz individual ou difusa). Nesse contexto, trabalha-se com a vitimização constante do grupo, justificando a criação, a caça e a punição exemplar e contundente aos inimigos internos ou externos. Para se proteger esse corpo coletivo, as liberdades e direitos individuais não podem ser valorizados. É o oposto. A autoridade do lí-

---

[5] GIACOMOLLI, Nereu José. Algumas Marcas Inquisitoriais do Código de Processo Penal Brasileiro e a Resistência às Reformas. In: GIACOMOLLI, Nereu José; MAYA, André Machado (eds). *Revista Brasileira de Direito Processual Penal*, São Paulo: Atlas, ano I, n. 01, jan./jun. 2015, p. 145.

[6] KONDER, Leandro. *Introdução ao Fascismo*. 2. ed. São Paulo: Expressão Popular, 2009, p. 60.

[7] "Convencer, em vez de vencer. Tôda democracia sã tende a isso. Não há outro caminho, dentro da condição humana que esse, – o de se poder corrigir o êrro de um, ou de alguns, com a crítica de todos. Liberdade tende a isso: sem ela, só há uma fôrça: a do sabre, a das bombas... vencer coisas, fatos, problemas; convencer homens" (PONTES DE MIRANDA, F. C. *Democracia, liberdade e igualdade: os três caminhos*. São Paulo: José Olympio Editora, 1945, p. 286).

[8] KONDER, Leandro. Op. cit., p. 61.

[9] CASARA, Rubens R. R. Apresentação. In: TIBURI, Marcia. *Como conversar com um fascista*. 3. ed. Rio de Janeiro: Record, 2015, p. 13-14.

der se revela mais explicitamente no momento em que aquele capaz de ameaçar essa integridade, essa unidade, é punido severamente. Há um simbolismo fortíssimo no ato de punir.[10] Dessa maneira, como o intuito é a preservação da coesão, da ordem pública, da segurança coletiva, no ato de punir ou de repelir a ameaça, não há nenhum impedimento de caráter legal que estabeleça limites éticos ou que deva ser minimamente considerado. Não há nada capaz de constranger o Estado quando o assunto é a imposição de pena ao inimigo público.

Em relação ao autoritarismo, diante da complexa missão de conceituá-lo, Christiano Fragoso leciona que quatro contextos distintos são possíveis para o alcance de uma precisão conceitual. São eles: a) autoritarismo enquanto abuso de autoridade (caracterizada pelo exercício abusivo de poder ou pelo abuso no processo de estabelecimento de poder político a uma pessoa ou a uma instituição); b) autoritarismo enquanto determinada estrutura de regime político (ligada à ciência política, essa acepção parte do contraste comumente feito entre governo democrático e autoritário); c) autoritarismo enquanto ideologia política (por essa premissa, formula-se uma hierarquia entre pessoas, afastando-se a ideia de igualdade, exaltando-se as supostas virtudes da personalidade autoritária); e, d) o chamado autoritarismo psicológico-social (inicialmente ligado aos estudos da personalidade autoritária, e que buscava estabelecer suas origens. Neste estudo, o fenômeno do nazismo serviu de base de pesquisa).[11]

Sobre o último contexto (autoritarismo psicológico-social), Osvaldo Marques assevera que a ascensão do nazismo não seria possível sem a aderência da população das classes média e baixa, indubitavelmente, as mais afetadas pelas imposições do Tratado de Versalhes e pela grave crise econômica e social que devastava a Alemanha após a I Guerra.[12]

Erich Fromm desenvolve uma leitura psicanalítica acerca do autoritarismo, identificando-o como o primeiro instrumento de evasão da liberdade. Em apertada síntese, é seguro afirma que Fromm identifica o autoritarismo como uma forma de renúncia à liberdade, à autodeter-

---

[10] "O fascismo tem que ser definido como uma forma de comportamento político marcada por uma preocupação obsessiva com a decadência e a humilhação da comunidade, vista como vítima, e por cultos compensatórios da unidade, da energia e da pureza, nas quais um partido de base popular formado por militantes nacionalistas engajados, operando em cooperação desconfortável, mas eficaz com a elites tradicionais, repudia as liberdades democráticas e passa a perseguir objetivos de limpeza étnica e expansão externa por meio de uma violência redentora e sem estar submetido a restrições éticas ou legais de qualquer natureza" (PAXTON, Robert O. *A Anatomia do Fascismo*. Tradução de Patricia Zimbre e Paula Zimbres. São Paulo: Paz e Terra, 2007, p. 358-359).

[11] FRAGOSO, Christiano Falk. *Autoritarismo e Sistema Penal*. Rio de Janeiro: Lumen Juris Direito, 2015, p. 64/66.

[12] MARQUES, Osvaldo Henrique Duek. *Contribuições para a compreensão do nazismo*: a psicanálise e Erich Fromm. São Paulo: Martins Fontes, 2017, p. 194/208.

minação, à independência do próprio ego. Por isso, há a submissão à figura da autoridade. Conforme o magistério de Fromm, o autoritarismo está relacionado ao sentimento de impotência, ao masoquismo e à ideia de submissão. "A pessoa sadomasoquista sempre é assinalada por sua atitude face à autoridade". O sadomasoquista nutre admiração pela figura da autoridade e a ela se submete, ao mesmo tempo em que almeja ser/exercer autoridade, a fim de que outros lhe sejam submissos.[13]

Trazendo a discussão para o Processo Penal brasileiro, Ricardo Gloeckner desenvolveu um mapa do autoritarismo nesse ramo do Direito pátrio. Segundo o trabalho intelectual do autor, os principais sintomas desse autoritarismo são manifestados pelos seguintes pontos: a) uso distorcido das prisões cautelares; b) um formato de ação penal estruturado sob premissas do direito processual civil; c) a concepção do processo como mecanismo para a imposição de pena, nos termos da teoria geral do processo; d) a gestão da prova nas mãos do Poder Judiciário; e) a teoria da jurisdição; f) a teoria da decisão (ou a falta de uma); g) um entendimento equivocado sobre os meios de impugnação de decisão judicial e as ações impugnativas autônomas; h) a grave crise que cerca a execução penal; i) a relativização das formas processuais, em clara invocação da doutrina fascista no sentido de uma ideia amorfa de processo; j) a existência de um suposto direito substancial do Estado de punir, como fundamento para o manuseio do processo; k) os torpes artifícios adotados para a inversão ou relativização da presunção de inocência, com destaque para o adágio do *in dubio pro societate*;[14] l) o tratamento da pessoa do investigado como objeto de investigação durante a fase preliminar de apuração da prática de infração penal; m) a compreensão de que o acusado se defende dos fatos, e não da capitulação jurídica, separação essa que não se justifica em face de infrações penais basicamente normativas, conforme crimes contra a ordem tributária e de lavagem de capitais; e, n) o exercício discricionário e ilimitado do *plea bargaining*.[15]

Dito isso, a primeira parte abordará esse momento histórico do sistema processual penal brasileiro, enquanto que o subtópico seguinte

---

[13] FROMM, Erich. *O medo à liberdade.* – 9. ed. – Rio de Janeiro: Zahar Editores, 1974, p. 118-145.

[14] Especificamente acerca da decisão de pronúncia esteada no in dubio pro societate, recomenda-se a leitura de pesquisa realizada por conta da dissertação de mestrado: DIAS, Paulo Thiago Fernandes. *A adoção do adágio do in dubio pro societate na decisão de pronúncia*: (in)constitucionalidade e (in)convencionalidade. Dissertação (Mestrado em Ciências Criminais) – Escola de Direito, Pontifícia Universidade Católica do Rio Grande do Sul. Porto Alegre, 2016.

[15] GLOECKNER, Ricardo Jacobsen. *Nulidades no Processo Penal.* – 3. ed. – São Paulo: Saraiva, 2017 e GLOECKNER, Ricardo Jacobsen Processo Penal Pós-Acusatório? Ressignificações do Autoritarismo no Processo Penal. In: *Revista Emerj*. Rio de Janeiro, v. 18, n. 67, p. 378-408, jan. – fev. 2015, p. 398/408.

se dedicará ao modo de aplicação da condução coercitiva pelo Judiciário, notadamente em casos midiáticos.

1.1. O processo penal brasileiro herdado do Estado novo: um breve resgate histórico e político

Para que se se compreenda a tradição autoritária de que se falou acima no processo penal, é imprescindível uma análise histórica, mesmo que breve, acerca do momento político, jurídico e ideológico vivido pelo Estado brasileiro no período compreendido entre o final da década de 1930 até o encerramento da II Grande Guerra.

Em que pese o recorte histórico feito nesta investigação, com vistas à adequação à metodologia empregada, vale ressaltar a observação, oportunamente, feita por Geraldo Prado, no curso de que os padrões de cariz autoritária do Sistema de Justiça Criminal pátrio são anteriores à promulgação do Código de Processo Penal de 1941.[16]

Justifica-se o recorte histórico feito em razão do cotejo que se fará entre o instituto da condução coercitiva de acusado prevista no Código de Processo Penal e a do investigado, quem vem sendo recorrentemente levada a cabo, principalmente no bojo das forças-tarefas, ainda que sem a prévia intimação do conduzido.

No final de 1930, o Brasil se encontrava sob a vigência do chamado Estado Novo (ou policial), sendo presidido por Getúlio Vargas. Tratava-se de um regime ditatorial, autoritário e que se baseava no reforço da defesa social, como justificativa para a restrição de liberdades públicas e o combate ao comunismo.[17] Por ditadura, entende-se o "governo de uma pessoa ou de um grupo de pessoas que se arrogam o poder e o monopolizam, exercendo-o sem restrições", em sintonia com a doutrina de Franz Neumann.[18] O autor identifica ainda uma espécie de ditadura simples, que se caracteriza por integrar "o objetivo do poder político monopolizado pelo ditador, que pode exercer o seu poder

---

[16] PRADO, Geraldo. O Processo Penal Brasileiro vinte e cinco anos depois da Constituição: transformações e permanências. In: *Revista Emerj*. Rio de Janeiro, v. 18, n. 67, p. 550-569, jan. – fev. 2015.

[17] Para que se tenha uma ideia do regime implantado, Vargas decretou estado de emergência em todo o país, conferindo a si mesmo o seguinte conjunto de poderes: "O arsenal de poderes persecutórios do Presidente da República na vigência desse estado de emergência incluía: (*i*) detenção em local não destinado a réus de crime comum; desterro para outros pontos do território nacional ou residência forçada em determinadas localidades do mesmo território, com privação da liberdade de ir e vir; (*ii*) censura da correspondência e de todas as comunicações orais e escritas; (*iii*) suspensão da liberdade de reunião; (*iv*) busca e apreensão em domicílio (artigo 168)" MALAN, Diogo. Ideologia política de Francisco Campos: influência na legislação processual brasileira. In: PRADO, Geraldo; MALAN, Diogo (orgs.). *Autoritarismo e Processo Penal Brasileiro*. Rio de Janeiro: Lumen Juris, 2015, p. 23/24.

[18] NEUMANN, Franz. *Estado Democrático e Estado Autoritário*. Rio de Janeiro: Zahar, 1969, p. 257.

somente por meio do controle absoluto dos meios tradicionais de coação, ou seja, a polícia, o exército, a burocracia e o judiciário".[19]

Um dos principais propagadores do Estado Novo e com grande influência na elaboração dos diplomas legislativos da época (Códigos Penal e de Processo Penal, por exemplo), foi o Ministro Francisco Campos, entusiasta do protagonismo judicial, que considerava fundamental para a busca da verdade no processo.[20] Para Campos, o processo penal servia como mecanismo de pesquisa da verdade e de distribuição da justiça. Assim, era necessário que a ação penal fosse, obrigatoriamente, oferecida para determinados tipos de crimes.

Num de seus discursos voltados à defesa do Estado Novo, Campos justificou o surgimento do regime como uma imposição do contexto sociopolítico vivido à época. Segundo Campos, com a instauração do Estado Novo, saiu-se do caminho incerto, o país deixou de ser uma terra sem lei, sem dono. A falência das instituições e os antagonismos políticos e sociais eram empecilhos à manutenção da ordem. Além disso, justificava-se a imposição de um regime autoritário com base nos acontecimentos externos e não só nas questões de caráter interno. Campos chegou, inclusive, a defender que o caráter autoritário do Estado Novo não era incompatível com a essência brasileira.[21]

Nos termos do item VII da Exposição de Motivos do Código de Processo Penal brasileiro aprovado em 1941, dúvidas não há sobre a vinculação ideológica desse diploma legal e, porque não, do Estado brasileiro, com o regime fascista implantado na Itália. O estatuto processual brasileiro possuía (ou ainda possui?) estreita inspiração no Código Penal Italiano de autoria intelectual de Arturo Rocco (um dos juristas mais envolvidos com a causa e o regime fascista de Mussolini)[22]

---

[19] NEUMANN, Franz. *Estado Democrático e Estado Autoritário*. Rio de Janeiro: Zahar, 1969, p. 260.

[20] "A reforma do processo significa muito mais do que uma questão de técnica: ela constitui uma reivindicação popular, o aparelho judiciário perdendo o caráter de um segredo carismático só acessível aos grandes iniciados e manejado à mercê das conveniências e dos interesses puramente individuais, para tornar-se um instrumento adequado à pesquisa da verdade nos feitos e à distribuição da justiça entre as partes em conflito. O juiz não será mais o mero espectador do combate entre os litigantes, limitado a decidir sobre os dados, certos ou falsos, que estes lhe oferecerem, mas ficará investido da autoridade do Estado para realizar a parcela que lhe cabe no bem social" (CAMPOS, Francisco. *O Estado Nacional*. Fonte digital: EbookLibris, 2002).

[21] "Sendo autoritário, por definição e por conteúdo, o Estado Novo não contraria, entretanto, a índole brasileira, porque associa à força o Direito, à ordem a justiça, à autoridade a humanidade. Do que ele realizou, o mais importante não é o que os olhos veem, mas o que o coração sente: com ele o Brasil sentiu pulsar, pela primeira vez, a vocação da sua unidade, tornando, assim, possível substituir, sem oposições nem violências, à política dos Estados a política da Nação" (CAMPOS, Francisco. *O Estado Nacional*: sua estrutura. Seu conteúdo ideológico. – 2. ed. – Rio de Janeiro: Livraria José Olympio, 1940, p. 221).

[22] Para fins de esclarecimento, o Ministro da Justiça italiano da época se chamava Alfredo Rocco.

de 1930. Esse diploma italiano estabelecia a concentração de poderes na figura do juiz e o total menosprezo à presunção de inocência.[23]

Por conta disso, não é surpresa que o Código de Processo Penal brasileiro ainda ostente regras que estabeleçam a sigilosidade de procedimentos, a produção de prova de ofício pelo juiz, a possibilidade de instauração de processo pelo juiz (procedimento judicialiforme), a instrumentalidade das formas, o protagonismo judicial (juiz preside o processo e conduz as inquirições de partes e o interrogatório do acusado[24]), o famigerado recurso de ofício das decisões concessivas de *habeas corpus* (repita-se: das concessivas), como também, a utilização do silêncio do acusado contra ele mesmo (principalmente por meio de sua condução coercitiva, com ou sem prévia intimação), dentre outros.[25]

Trata-se, conforme pensado em 1941, de um processo penal voltado à condenação e não à garantia dos direitos fundamentais da pessoa que se encontra sob investigação, processo e julgamento perante o Estado. No contexto do processo penal autoritário brasileiro, há, inquestionavelmente, um Superpoder Judiciário.[26]

Nesse sentido é o ensinamento de Vanessa Schinke, quando aduz que a estrutura montada pelo Estado Novo aproximou o Poder Judiciário de tribunais de exceção (Tribunal de Segurança Nacional ou TSN), como também da adoção de medidas excepcionais. Segundo a autora, essa relação aproximada entre a justiça comum e tribunais de exceção, proporcionou que a progressão na carreira da magistratura ocorresse, nesse período, mediante atuação nesses órgãos de exceção.[27]

Essa relação espúria entre o governo autoritário e o poder judiciário da época pode explicar a entrega de Olga Benário ao Estado Ale-

---

[23] AMARAL, Augusto Jobim do. *Política da prova e cultura punitiva*: a governabilidade inquisitiva do processo penal brasileiro contemporâneo. São Paulo: Almedina, 2014, p. 140.

[24] Apesar da reforma operada em 2008, na prática forense pouco se alterou. Inclusive, quando há ofensa à ordem de inquirição de testemunhas, fixou-se na jurisprudência das Cortes Superiores de que há apenas mera prática de nulidade relativa, exigindo demonstração do prejuízo. Vale conferir: STRECK, Lenio Luiz. Aplicar a "letra da lei" é uma atitude positivista?. *Revista NEJ – Eletrônica*. Florianópolis, vol. 15, n. 1, p. 158-173, jan./abr. 2010.

[25] Não se desconhece que alguns desses institutos não são mais aplicáveis, diante da não recepção pelo Texto Constitucional de 1988, conforme decisões dos Tribunais Superiores. Trata-se de um resgate histórico e que visa realçar a coerência na narrativa.

[26] PRADO, Geraldo. *Prova penal e sistema de controles epistêmicos*: a quebra da cadeia de custódia das provas obtidas por métodos ocultos. São Paulo: Marcial Pons, 2014, p. 30.

[27] "O arranjo da instituição já indicava que o judiciário era um espaço capaz de mesclar-se, sem maiores constrangimentos, com projetos autoritários de Estado. Em relação à legalidade autoritária, foi mais do que isso: o regime autoritário que antecedeu o instalado em 1964, já sugeria que os membros do judiciário aplicavam quaisquer legislações que, em tese, estariam vigentes, independentemente do respeito a princípios democráticos do processo legislativo" SCHINKE, Vanessa Dorneles. *Judiciário e Autoritarismo*: regime autoritário (1964-1985), democracia e permanências. Rio de Janeiro: Lumen Juris, 2016, p. 13.

mão, ainda que a legislação brasileira da época proibisse a extradição de estrangeira grávida de brasileiro. Extradição essa autorizada pelo Supremo Tribunal Federal. Olga, militante comunista e de procedência judia, desapareceu nos campos de concentração dominados pelos nazistas.[28]

1.2. A ilegalidade da condução coercitiva de pessoa investigada

No artigo 260 do capítulo III do Título VIII do Código de Processo Penal, o legislador previu a possibilidade de condução coercitiva do acusado quando, devidamente intimado, ele não comparecer aos seguintes atos processuais: interrogatório, reconhecimento ou qualquer outro que dependa da participação/presença do acusado.

Entretanto, o que já era discutível à luz da indiscutível ofensa ao princípio do *nemo tenetur se ipsum accusare*, passou a ser usado também como instrumento para inverter a presunção constitucional e convencional de inocência. Principalmente, em razão do espetáculo midiático formado para o cumprimento dos mandados de condução coercitiva.

Sobre o princípio do *nemo tenetur se ipsum accusare*, também conhecido como o direito que veda a autoincriminação, ele funciona, assim, ao mesmo tempo, como um direito fundamental da pessoa e ainda como "uma garantia: garantia da liberdade de autodeterminação do cidadão".[29]

Para tanto, sob pena de invalidade do ato, o sujeito passivo da investigação ou do processo deve ser cientificado pela autoridade responsável sobre a possibilidade de exercer o direito ao silêncio (ou de não colaborar, seja de que maneira, com a investigação da qual é alvo). Essa advertência é fruto de exigência constitucional, legal e convencional, devendo constar dos autos. Essa advertência é fundamental e indispensável para atos como o do interrogatório.

Noutros atos processuais, como o reconhecimento, se o acusado, à luz da ordem constitucional, ignorar a intimação da autoridade para participar de referido ato, ele estará acobertado pelo exercício do direito ao silêncio. Dessa forma, o artigo 260 do Código de Processo Penal não foi recepcionado pela Constituição da República, quando determina a condução coercitiva do acusado que, após devidamente intimado,

---

[28] GODOY, Arnaldo Sampaio de Moraes. *A História do Direito entre Foices, Martelos e Togas*: Brasil – 1935-1965. São Paulo: Quartier Latin, 2008, p. 25-72; PRADO, Geraldo. O Processo Penal Brasileiro vinte e cinco anos depois da Constituição: transformações e permanências. In: *Revista Emerj*. Rio de Janeiro, v. 18, n. 67, p. 550-569, jan.-fev. 2015 e RANGEL, Paulo. *Tribunal do júri*: visão linguística, histórica, social e jurídica. 5. ed. São Paulo: Atlas, 2015.

[29] MELCHIOR, Antonio Pedro; CASARA, Rubens R R. *Teoria do processo penal brasileiro*: dogmática e crítica. Vol. 1. Rio de Janeiro: Lumen Juris, 2013, p. 472.

não se fizer presente à autoridade convocadora. Primeiro, diante da impossibilidade de obrigar-se o acusado a participar de atos que possam incriminá-lo. Segundo, pela ausência de razoabilidade mínima em conduzir-se alguém apenas para dela ouvir sua negativa.

Em apertada síntese: mesmo dentro das hipóteses do artigo 260 do Código de Processo Penal, a condução coercitiva não encontra amparo constitucional. Essa conclusão é decorrente da força normativa da Constituição da República, pois, nos termos ensinados por Miguel Wedy, é o "Código de Processo Penal que deve ser interpretado conforme a Constituição, e não o inverso, como sói acontecer na prática policial e judicial".[30]

Mas, e quando o acusado sequer é intimado? Além da inconstitucionalidade, há flagrante ilegalidade. Ao Estado é defeso agir ao arrepio da lei, principalmente quando se está diante de ato restritivo de liberdade, como o é a condução coercitiva.

Tem-se conhecimento de que o número de mandados de condução coercitiva cumpridos pela Polícia Federal aumento em mais de 300% após o início da denominada operação "lava-jato".[31] Ademais, somente o juízo da 13ª Vara Federal de Curitiba foi responsável pela autorização para o cumprimento de mais de 50 mandados de condução coercitiva.[32]

Em grande parte desses casos, não havia sequer a deflagração de inquéritos policiais. Ademais, o próprio cabimento aplicação analógica do artigo 260, que trata explicitamente da figura do acusado, às pessoas ainda investigadas é no mínimo questionável, já que se trata de analogia desfavorável à pessoa do investigado.[33]

A título de ilustração, o juízo da 13ª Vara Federal de Curitiba justificou a determinação da condução coercitiva de investigado, sem prévia recusa/intimação legal, nos autos do processo nº 5006617-29.2016.4.04.7000, sob a escusa de que a medida não importaria cerceamento real da liberdade de locomoção e que visava apenas à colheita

---

[30] WEDY, Miguel Tedesco. *Eficiência e Prisões Cautelares*. Porto Alegre: Livraria do Advogado, 2013, p. 80.

[31] Disponível em: <http://jcrs.uol.com.br/_conteudo/2017/07/politica/571434-conducoes-coercitivas-crescem-304-pos-lava-jato.html>. Acesso em: 05 jan. 2018.

[32] Vale destacar que o Ministério Público Federal requereu mais de 100 mandados. Disponível em: <https://www.em.com.br/app/noticia/politica/2016/03/06/interna_politica,740777/conducao-coercitiva-ja-foi-usada-pelo-menos-50-vezes-por-moro-na-lava.shtml>. Acesso em: 05 jan. 2018.

[33] MOREIRA, Romulo. Analogia não pode ser usada em situações que podem prejudicar o réu. In: *Consultor Jurídico*. Disponível em: <https://www.conjur.com.br/2015-nov-28/romulo-moreira-analogia-nao-usada-prejudica-reu>. Acesso em: 05 jan. 2018.

de depoimento. Trata-se, inapelavelmente, de decisão manifestamente inconstitucional.

Decisões como a referida acima se valem de uma retórica que visa a ocultar a violência por trás de uma medida decretada ao arrepio da legalidade e da constitucionalidade. Ainda que se busque camuflar um ato violento em algo benéfico ao investigado, a violência institucional persistirá. Nesse diapasão, Theodor Adorno ensina que "quando se coloca o direito do Estado acima do dos membros da sociedade, já está colocado, potencialmente, o horror".[34]

Decisões desse jaez servem para fragilizar a situação do investigado, bem como para antecipar a inclinação do magistrado para o caminho que leva à condenação. Trata-se de um anúncio. Nesse sentido, a violação à presunção de inocência é indiscutivelmente manifesta.

2. Da presunção de inocência

O direito fundamental à presunção de inocência, previsto no artigo 5°, LVII, da Constituição da República está intimamente ligado ao sistema acusatório consagrado na Carta Magna.[35] São direitos fundamentais todos os direitos subjetivos que afetam universalmente a todos os seres humanos quando dotados do status de pessoa, cidadão ou pessoa capaz de agir.[36]

Como se afirmou acima, houve mudança considerável no modo como os países ocidentais passaram a estruturar suas relações interna e externa. Esse processo deu origem à elevação de direitos individuais ao *status* de normas constitucionais. Reforçou-se, notadamente no pós--Segunda Guerra, a necessidade de que os países, ditos democráticos, fugissem dos riscos do totalitarismo. As constituições assim perdiam a condição de textos sem importância.[37]

---

[34] ADORNO, Theodor W. *Palavras e sinais*: modelos críticos 2. Petrópolis: Vozes, 1995, p. 123.

[35] ROSA, Alexandre Morais da. O fim da farsa da presunção de inocência no sistema (ainda) inquisitório? STF, HC 91.232/PE, Min. Eros Grau. In: PRADO, Geraldo; MALAN, Diogo (orgs.). *Processo Penal e Democracia*: estudos em homenagem aos 20 anos da Constituição da República de 1988. Rio de Janeiro: Lumen Juris, 2009, p. 6.

[36] BARROS, Flaviane de Magalhães; OLIVEIRA, Marcelo Andrade Cattoni. Os direitos fundamentais em Ferrajoli: limites e possibilidade no Estado Democrático de Direito. In: VIANNA, Túlio; MACHADO, Felipe (coord.). *Garantismo penal no Brasil*: estudos em homenagem a Luigi Ferrajoli. Belo Horizonte: Fórum, 2013, p. 71.

[37] "Pero más allá de las características singulares de las constituciones democráticas posteriores a la segunda guerra mundial, cabe destacar que en este momento histórico se descubre en su conjunto la supremacia de la constitución, bien como máxima forma de garantía de los derechos y libertades, bien como norma directiva fundamental a seguir para la realización de los valores constitucionales" (FIORAVANTI, Maurizio. *Los Derechos Fundamentales*: apuntes de historia de las constituiciones. Madrid: Trotta, 1996, p. 128).

Apesar de toda essa evolução normativa, tanto no plano interno, como no bojo da elaboração das Convenções Internacionais, há que se voltar os olhos para a cultura nacional muito resistente à aceitação de garantias constitucionais e convencionais como a referente à presunção de inocência. Não é raro se ouvir/ler expressões, inclusive no meio jurídico, como "quem cala consente" ou do tipo "quem não deve não teme", como tantas outras.

Ainda que a literatura enfoque que esse modo de pensar seja mais comum para parcela leiga, juridicamente, da população, não é de todo dissipado esse pensamento dos interesses de categorias profissionais do Direito (destaca-se, por oportuno, o projeto de lei, denominado pelos seus idealizadores, como "contra a corrupção", quando muito, não passa de um pitoresco retrocesso normativo).[38]

Ciente dessa barreira cultural, pelo menos na seara normativa o tratamento dado aos direitos fundamentais tem sido, ainda, digno de elogios, precipuamente, se se perceberem as inovações perpetradas pela Constituição da República. Destacadamente, o Texto Constitucional de 1988 trouxe importante valorização ao devido processo constitucional, via fortalecimento dos direitos relacionados à defesa. Nesse sentido, parcela da doutrina reconhece duas dimensões nos direitos fundamentais, sendo uma de caráter subjetivo (a qual abrange uma ação negativa ou positiva de alguém) e outra de caráter objetivo (transcendendo a esfera individual de proteção).[39]

A presunção de inocência, uma vez realmente posta em prática, impede que as autoridades policiais, ministeriais e judiciais se esmerem no sentido de buscar a todo custo a confirmação da crença na culpa do acusado. Esta crença sequer deveria existir! Mas quando a fé residia na culpa do acusado/investigado, o processo, sob o viés inquisitório, funcionaria como mero *locus* de confirmação daquilo que já se sabe: o réu praticou o crime e precisa ser condenado. Criticando a adoção da tortura do acusado como meio coercitivo para a obtenção de confissão ou de delação, Beccaria escreveu linhas importantes sobre a necessidade de se respeitar a condição de não culpado do imputado, durante o

---

[38] "Además, durante mucho tiempo en Roma los jueces que valoraban la prueba eran legos en Derecho, igual que los jurados anglosajones, por lo que los fallos de culpabilidad influídos por el sentir social debían de ser frecuentes. Todavía se detecta, de hecho, esa tendencia a veces incluso en los jueces profesionales, aunque se amenos acusada. Ante esta realidad, no es extraño que con el objetivo de evitar las falsas acusaciones, que generan siempre un perjuicio social notable, surgiera la idea de la presunción de inocencia. Con el fin de que la sociedad no fuera generando a través de rumores una verdad ficticia que sirviera para condenar a un inocente" (FENOLL, Jordi Nieva. La razón de ser de la presunción de inocencia. *Revista para el análisis del derecho*, Barcelona, 2016, p. 6).

[39] MENDES, Gilmar Ferreira; BRANCO, Paulo Gustavo Gonet. *Curso de Direito Constitucional*. 7. ed. São Paulo: Saraiva, 2012, p. 202-203.

processo (ou para o Direito brasileiro, antes do trânsito em julgado da condenação).[40]

Há divergências em doutrina sobre a denominação correta do princípio/direito fundamental insculpido no artigo 5°, LVII, da Constituição da República, se presunção de inocência ou de não culpabilidade.

Lucia Karam afirma que a situação jurídica do acusado é a de inocente durante toda a persecução penal. Para a doutrinadora, esse tratamento conferido à pessoa acusada da prática de um crime se dá de forma precedente, isto é, trata-se de concepção já edificada em normas de cunho constitucional e internacional sobre direitos humanos. Para a autora, essa condição jurídica de inocente se esvai a partir do momento em que o decreto condenatório se torna imodificável.[41]

Já Castanho de Carvalho se alinha à corrente que não vê a presunção de inocência como um mera presunção judicial, mas algo muito maior. Segundo o autor, a presunção de inocência possui natureza legal de cariz político, responsável por vincular o processo penal às opções políticas de cunho constitucional fundantes do Estado.[42] Signatários desse posicionamento, Gloeckner e Lopes Junior definem a presunção de inocência "como conector político".[43]

---

[40] "Um homem não pode ser tido como culpado antes que a sentença do juiz o declare; e a sociedade apenas lhe pode retirar a proteção pública depois que seja decidido que ele tenha violado as normas em que tal proteção lhe foi dada" (BECCARIA, Cesare Bonesana, Marchesi di. *Dos delitos e das Penas*. Tradução: Deocleciano Torrieri Guimarães. São Paulo: Ridel, 2003, p. 42). Ademais, "Beccaria perguntava: que direito, senão o da força, confere ao juiz a possibilidade de impor uma pena enquanto duvida se o acusado é culpado ou inocente? (as provas para condenar devem ser indiscutíveis). Se existem provas contra o réu, a tortura é inútil; se não existem, deve ser absolvido, sendo intolerável torturar um inocente. O direito penal não pode continuar atrelado à suas origens religiosas (onde a confissão dos pecados é parte essencial do sacramento)" (GOMES, Luiz Flávio. *Col. Saberes Críticos – Beccaria (250 anos) e o Drama do Castigo Penal: civilização ou barbárie?* São Paulo: Saraiva, VitalSource Bookshelf Online, 2014, p. 135).

[41] "É por isso, por se tratar de uma situação jurídica previamente construída e reconhecida a todos os indivíduos, que tal situação se identifica a uma presunção. E é também por isso que essa é a única presunção que pode ser afirmada em matéria penal ou processual penal" (KARAM, Maria Lúcia. *Liberdade, Presunção de Inocência e Direito à Defesa*. Rio de Janeiro: Lumen Juris, v. 5, Coleção Escritos sobre a Liberdade, 2009, p. 4).

[42] "Realmente, não se pode limitar o princípio constitucional, de natureza política a uma noção semântica do termo técnico *presunção*, até porque, como assinalou Bellavista, trata-se de uma regra-chave do processo penal, verdadeira diretriz que concretiza a ponderação dos bens segurança social e direito à liberdade" (CARVALHO, Luis Gustavo Grandinetti Castanho de. *Processo Penal e Constituição*: princípios constitucionais do processo penal. 6. ed. São Paulo: Saraiva, 2014, p. 188).

[43] "Essa a razão pela qual não cabe postular-se qualquer espécie de relativização desse princípio. Além disso, a usual distinção entre presunção relativa (*juris tantum*) e absoluta (*jure et de jure*) é inaplicável ao processo penal, posto que o princípio extrapola qualquer regramento semântico a operar no seio da dogmática jurídica, especialmente aquela proveniente do Direito Civil (p. ex., presunção de validade do negócio jurídico; presunção de paternidade etc.)" (LOPES JUNIOR, Aury; GLOECKNER, Ricardo Jacobsen. *Investigação preliminar no processo penal*. 6. ed. São Paulo: Saraiva, VitalSource Bookshelf Online, 2014, p. 74).

Consoante o magistério de Giacomolli, a tentativa de diferenciar as expressões *presunção de inocência* (formulação positiva) e a de *não culpabilidade* (formulação negativa) só tem o condão de limitar a abrangência do direito dos povos à liberdade. Diferenciar essas expressões é, conforme Giacomolli, iniciar a análise a partir da culpabilidade, e não da própria concepção de inocência.[44]

Focando sua explanação sobre a prisão provisória, Pacelli opta pela expressão "estado ou situação jurídica de inocência",[45] pois o que se presume não existe, enquanto impeditiva da antecipação desse decreto prisional, antes do trânsito em julgado, conforme se abordará na sequência.

À luz da epistemologia, Gloeckner e Lopes Junior lecionam que o vernáculo "presunção" significa a pré-ocupação de um espaço, ou seja, o que se presume é o que se espera que realmente aconteça.[46]

Para o que parece o posicionamento majoritário, a Constituição da República consagra o princípio da presunção de não culpabilidade, que deve nortear o do devido processo legal (deste tendo derivado), sendo, ainda mais favorável à pessoa humana que o disposto na Convenção Americana sobre Direitos Humanos, pois a Carta Magna consagra a presunção de não culpabilidade até o instante em que a decisão ou acórdão condenatório não mais pode sofrer alteração.[47] Além do mais, em sede jurisprudencial, os Tribunais Superiores ora se referem ao direito fundamental como presunção de inocência, ora como presunção de não culpabilidade.[48]

---

[44] "O partir da inocência e não da culpabilidade induz a importantes regras probatórias. Primeiramente, diante do estado de inocência, a imputação fática e jurídica é para o julgador uma mera hipótese, a qual se converterá em juízo categórico de culpabilidade quando os seus pressupostos forem demonstrados pela acusação. É inexigível, a partir do estado de inocência, qualquer atividade ativa do suspeito, indiciado ou acusado para demonstrar a sua inocência (desobrigação do imputado do encargo de provar a sua inocência). Não é o estado de inocência que necessita de prova no processo penal. Na falta de prova da culpabilidade do imputado, é dever do magistrado confirmar, com uma solução absolutória, o original status de inocência..." GIACOMOLLI, Nereu José. *O devido processo penal: abordagem conforme a Constituição Federal e o Pacto de São José da Costa Rica*. São Paulo: Atlas, 2014, p. 95.

[45] "Naquele campo, como se verá, o princípio exerce função relevantíssima, ao exigir que toda privação da liberdade antes do trânsito em julgado deva ostentar natureza cautelar, com a imposição de ordem judicial devidamente motivada. Em outras palavras, o estado de inocência (e não a presunção) proíbe a antecipação dos resultados finais do processo, isto é, a prisão, quando não fundada em razões de extrema necessidade, ligadas à tutela da efetividade do processo e/ou da própria realização da jurisdição penal. Veremos que também a imposição de medidas cautelares diversas da prisão (arts. 319 e 320, CPP) reclamará juízo de necessidade de medida (art. 282, 1, CPP)" (OLIVEIRA. Eugênio Pacelli de. *Curso de Processo Penal*. 18. ed. São Paulo: Atlas, 2014, p. 48).

[46] LOPES JUNIOR, Aury; GLOECKNER, Ricardo Jacobsen. *Investigação preliminar no processo penal*. 6. ed. São Paulo: Saraiva, VitalSource Bookshelf Online, 2014, p. 74.

[47] MACHADO, Antônio Alberto. *Teoria geral do processo penal*. 2. ed. São Paulo: Atlas, VitalSource Bookshelf Online, 2010, p. 172.

[48] BRASIL. Supremo Tribunal Federal. Disponível em: <http://stf.jusbrasil.com.br/jurisprudencia/756515/habeas-corpus-hc-84029-sp>. Acesso em: 25 set 2014.

Consoante lição de Mirza, a redação do artigo 5º, LVII, da Constituição da República tem forte inspiração no dispositivo 27.2 da Constituição italiana de 1948, no sentido de que esses dispositivos não mencionam, de forma expressa, o princípio da presunção de inocência. Dessa forma, em face dessas redações pouco clarividentes, Mirza destaca o surgimento de correntes (ou escolas penais, a Liberal Clássica, a Positivista e a Técnico-Jurídica), no seio da doutrina italiana, destinadas a explicar a adequada denominação do princípio: presunção de inocência ou da não culpabilidade. A escola Clássica identificava no artigo 27.2 da Norma Fundamental italiana a consagração da presunção de inocência, enquanto óbice ao exercício abusivo do poder punitivo pelo Estado.[49]

Parcela da doutrina aponta que do princípio da presunção de inocência derivam duas regras, sendo uma aplicada à questão probatória e a outra à forma de tratamento do acusado durante toda a persecução penal e até a fase de execução da penal. Por sua vez, Rangel entende que o artigo 5º, LVII, da Constituição da República não pode ser considerado como o postulado da presunção de inocência, mas tão somente como a norma constitucional que inverte o ônus da prova no processo penal de cariz acusatório.[50]

Ao Estado, portanto, em respeito à regra de tratamento, que deriva do princípio constitucional da presunção de inocência, o Poder Público não pode referir-se ao acusado como se condenado fosse, sendo que as prisões cautelares só devem ser decretadas em situações extremas, demonstrando-se a necessidade da medida.

Nicolitt, sobre as dimensões do princípio da presunção de inocência, além das regras de tratamento e de julgamento, reconhece ainda a regra de garantia,[51] pela qual, é dever da acusação (e dos órgãos en-

---

[49] Referindo-se às escolas Positivista e Técnico-Jurídica: "Enfim, essas últimas sustentavam a tutela do interesse social de repressão à delinquência deveria preponderar sobre o interesse individual de liberdade. Conclui-se, então, que o discurso antiliberal da Escola Técnico-Jurídica, de base político-fascista, foi determinante na elaboração do art. 27 da Constituição Italiana de 1948 que, por sua vez, influenciou o legislador pátrio a adotar uma postura 'neutra', que trata o acusado como 'indiciado' – nem culpado, nem inocente" (MIRZA, Flávio. Processo justo: o ônus da prova à luz dos princípios da presunção de inocência e do *in dubio pro reo*. In: ALVES, Cleber Francisco; SALLES, Sérgio de Souza (orgs.). *Justiça, Processo e Direitos Humanos: coletânea estudos multidisciplinares*. Rio de Janeiro: Lumen Juris, 2009, p. 85).

[50] RANGEL, Paulo. *Direito Processual Penal*. 24. ed. São Paulo: Atlas, VitalSource Bookshelf Online, 2016, p. 30.

[51] "Por fim, vê-se ainda na presunção de inocência uma regra de garantia. Na Convenção Americana sobre Direitos Humanos (art. 8º), ficou assentado claramente este aspecto quando se diz que 'toda pessoa acusada de delito tem direito a que se presuma sua inocência enquanto não se comprove legalmente sua culpa'. Para Germano Marques da Silva, o referido princípio impõe ao Ministério Público o dever de apresentar, em juízo, todas as provas de que disponha, sejam desfavoráveis, sejam favoráveis ao imputado. Preceitua ainda estreita legalidade na atividade policial e na do Ministério Público, projetando-se no próprio funcionamento dos tribunais (Silva *apud*

carregados da investigação preliminar) de respeitar a legalidade, nos termos da norma constitucional que proíbe a inadmissibilidade das provas ilícitas.

A sua vez, Casara assevera que a presunção de inocência se concretiza em três dimensões distintas: enquanto regra de tratamento, regra de Estado e regra de juízo.[52] Já Zanoide de Morais observa três significados da aplicação prática do princípio da presunção de inocência, quais sejam: norma de tratamento (deve-se evitar o não tratamento do acusado como inocente até o advento ou não do trânsito em julgado da condenação), norma probatória (relacionada à carga probatória: fixando o sujeito, o objeto e o modo probatórios) e norma de juízo (uma vez já colhido o material probatório e em caso de sua insuficiência, o magistrado deve absolver o acusado).[53]

Além do mais, a Convenção Americana sobre Direitos Humanos também consagrou o *in dubio pro reo* como princípio vetor, isto é, como regente dos processos penais adotados pelos países signatários do referido Documento internacional. Dessa maneira, o que se observa é que, além de uma opção ético-política interna (via Constituição da República), a República Federativa do Brasil se comprometeu, também no âmbito internacional, a valorizar as garantias individuais, dentre as quais, a presunção de inocência (e a regras dela decorrentes).[54]

A presunção de inocência possui íntima ligação com o devido processo constitucional e convencional, da feita que a atividade persecutória estatal só será legítima, tanto pelo prisma interno, quanto no campo internacional, se os direitos fundamentais forem respeitados. Não há falar em processo civilizado se ele não respeitou, ainda que numa única ocasião, o princípio da presunção de inocência.[55]

Vilela, 2000, p. 72)" (NICOLITT, André Luiz. *Manual de Processo Penal*. 5. ed. São Paulo: Editora Revista dos Tribunais, 2014, p. 152).

[52] CASARA, Rubens R. R. *Processo Penal do Espetáculo*: ensaios sobre o poder penal, a dogmática e o autoritarismo na sociedade brasileira. – 1ª ed. – Florianópolis: Empório do Direito Editora, 2015, p. 32/34: "...o princípio da presunção de inocência deve servir como óbice e constrangimento às tentações totalitárias (de fazer do imputado objeto a ser manipulado pelo Estado) e às perversões inquisitoriais que levam ao encarceramento em massa da população brasileira, em especial aqueles que não interessam à sociedade de consumo".

[53] MORAES, Maurício Zanoide de. Op. cit., p. 424 e ss.

[54] "Prolongamento da garantia da jurisdicionalidade, como visto anteriormente, é a presunção de inocência até a decisão judicial definitiva sobre a culpabilidade. Afinal, se *nulla actio sine culpa*, a única forma de estabelecer-se a culpabilidade é pela *iudicio*. A presunção de inocência, como diz Ferrajoli, situa-se ao lado da jurisdicionalidade como uma das vigas mestras do sistema punitivo democrático, já que 'ninguém pode ser tratado ou castigado como culpado sem um juízo legal, e antes da conclusão deste'..." (STEINER, Sylvia Helena de Figueiredo. *A Convenção Americana sobre Direitos Humanos e sua Integração ao Processo Penal Brasileiro*. São Paulo: Revista dos Tribunais, 2000, p. 106)

[55] "Para a Corte, o estado de inocência se constitui em exigência do direito internacional, tanto para o processo penal, quanto para os administrativos sancionadores, segundo o qual o suspeito

A condução coercitiva decretada, principalmente, fora das hipóteses do artigo 260 do Código de Processo Penal, é uma espécie ardilosa, arbitrária e desleal de prisão cautelar. Não importa o tempo que o investigado fique sob custódia dos agentes policiais. Durante o percurso, durante o período de cumprimento do mandado, operou-se violação ao seu direito à liberdade. Mais do que isso. Praticou-se uma violência à liberdade de locomoção sem que os requisitos da prisão preventiva tenham sido observados.

Quando o investigado é conduzido coercitiva e espetacularmente à presença da autoridade (policial/judicial), mesmo quando tenha assumido o compromisso de comparecer ao ato da fase investigatória ou quando sequer tem conhecimento de tal convocação, o Estado juiz/policial/ministerial passa a legislar de forma casuísta e, com isso, impõe ao investigado, desde o início, um tratamento desfavorável e prejudicial à sua condição de inocente.[56]

Diante desse quadro, a condução coercitiva de investigado, fora de qualquer respaldo constitucional, legal e das hipóteses cautelares restritivas da liberdade, nada mais é do que uma forma encontrada para o apequenamento, humilhação e instrumentalização da pessoa suspeita da prática de crime. É uma prática autoritária divorciada do ordenamento jurídico constitucional, mas ideologicamente alinhada ao antidemocrático Estado Novo. Quiçá trata-se de uma nova prática, porém inspirada em velhas ideias. Segundo Miguel Wedy, "qualquer prisão, antes do trânsito em julgado, que não guarde relação expressa com a instrumentalidade processual, não deveria ser aceita".[57]

Considerações finais

Diante da sucessivas e abusivas conduções coercitivas decretadas nos últimos anos, ainda que se trata de decisão monocrática, o Supremo Tribunal Federal deu importante passo no que tange ao respeito

---

há de ser tratado como pessoa, sem juízos prévios. Para isso, cabe ao acusador o ônus da prova da responsabilidade..." (GIACOMOLLI, Nereu José. *O devido processo penal*: abordagem conforme a Constituição Federal e o Pacto de São José da Costa Rica. São Paulo: Atlas, 2014, p. 105).

[56] "O imputado deve comparecer livre perante seus juízes, não só porque lhe seja assegurada a dignidade de cidadão presumido inocente, mas também – e diria acima de tudo – por necessidade processual: para que ele esteja em pé de igualdade com a acusação; para que, depois do interrogatório e antes da audiência definitiva, possa organizar eficazmente sua defesa, para que a acusação não esteja em condições de trapacear no jogo, construindo acusações e deteriorando provas pela suas costas" FERRAJOLI, Luigi. *Direito e Razão*: teoria do garantismo penal. 4. ed. São Paulo: Revista dos Tribunais, 2014, p. 515.

[57] WEDY, Miguel Tedesco. *A Eficiência e sua Repercussão no Direito Penal e no Processo Penal*. Porto Alegre: Elegantia Juris, 2016, p. 374.

às garantias fundamentais da presunção de inocência e do direito ao silêncio, quando em sede da Ação de Arguição de Descumprimento de Preceito Fundamental de nº 395/DF, determinou a proibição do uso de condução coercitiva de pessoas investigadas para fins de comparecimento a interrogatórios.[58]

A decisão poderia ser mais abrangente, é verdade, afinal, centenas de conduções coercitivas foram decretadas de forma arbitrária nos últimos anos. Entretanto, trata-se de um sinal de que é possível, pelo menos dessa decisão em diante, vislumbrar processos penais racionais, democráticos e constitucionais.

Como excurso final, a despeito dos avanços normativos, principalmente, no âmbito constitucional e no que concerne aos Tratados Internacionais sobre Direitos Humanos, jamais se conseguirá sepultar o autoritarismo herdado (normativamente) do Estado Novo se, fundamentalmente, como aduz Márcio Berclaz, os integrantes dos Sistemas de Segurança Pública e de Justiça Criminal não se conscientizarem da necessária democratização do processo penal e não se despirem de suas convicções autoritárias (em prejuízo, sempre, dos Outros).[59]

Referências

ADORNO, Theodor W. *Palavras e sinais*: modelos críticos 2. Petrópolis: Vozes, 1995.

AMARAL, Augusto Jobim do. *Política da prova e cultura punitiva*: a governabilidade inquisitiva do processo penal brasileiro contemporâneo. São Paulo: Almedina, 2014.

BARROS, Flaviane de Magalhães; OLIVEIRA, Marcelo Andrade Cattoni. Os direitos fundamentais em Ferrajoli: limites e possibilidade no Estado Democrático de Direito. In: VIANNA, Túlio; MACHADO, Felipe (coord.). *Garantismo penal no Brasil: estudos em homenagem a Luigi Ferrajoli*. Belo Horizonte: Fórum, 2013.

BECCARIA, Cesare Bonesana, Marchesi di. *Dos delitos e das Penas*. Tradução: Deocleciano Torrieri Guimarães. São Paulo: Ridel, 2003.

BERCLAZ, Márcio Soares. O papel dos "sujeitos processuais" no processo penal: quando a mudança não depende só de um novo código, mas da cultura e consciência da sociedade. In: COUTINHO, Jacinto Nelson de Miranda *et al* (Orgs.). *Mentalidade Inquisitória e Processo Penal no Brasil*: o Sistema Acusatório e a Reforma do CPP no Brasil e na América Latina. Vol. 3. Florianópolis: Empório do Direito, 2017.

---

[58] BRASIL. Supremo Tribunal Federal. *Medida Cautelar na Arguição de Descumprimento de Preceito Fundamental n. 395/DF*. Relator: MENDES, Gilmar. Publicado no DJE n. 018 de 01 fev. 2018. Disponível em: < https://www.conjur.com.br/dl/adpf-395-conducao-coercitiva.pdf>. Acesso em: 10 fev. de 2018.

[59] BERCLAZ, Márcio Soares. O papel dos "sujeitos processuais" no processo penal: quando a mudança não depende só de um novo código, mas da cultura e consciência da sociedade. In: COUTINHO, Jacinto Nelson de Miranda et al (Orgs.). *Mentalidade Inquisitória e Processo Penal no Brasil*: o Sistema Acusatório e a Reforma do CPP no Brasil e na América Latina. Vol. 3. Florianópolis: Empório do Direito, 2017.

BRASIL. Supremo Tribunal Federal. Disponível em: <http://stf.jusbrasil.com.br/jurisprudencia/756515/habeas-corpus-hc-84029-sp>. Acesso em: 25 set 2014.

——. Supremo Tribunal Federal. *Medida Cautelar na Arguição de Descumprimento de Preceito Fundamental n. 395/DF*. Relator: MENDES, Gilmar. Publicado no DJE n. 018 de 01 fev. 2018. Disponível em: <https://www.conjur.com.br/dl/adpf-395-conducao-coercitiva.pdf>. Acesso em: 10 fev. de 2018.

——. Supremo Tribunal Federal. *Acórdão no Habeas Corpus n. 84078/DF*. Relator: GRAU, Eros. Publicado no DJE n. 035 de 26 fev. 2010. Disponível em: <http://stf.jusbrasil.com.br/jurisprudencia/14715763/habeas-corpus-hc-84078-mg>. Acesso em: 31 jul. de 2015.

CAMPOS, Francisco. *O Estado Nacional*. Fonte digital: EbookLibris, 2002.

——. *O Estado Nacional*: sua estrutura. Seu conteúdo ideológico. 2. ed. Rio de Janeiro: Livraria José Olympio, 1940, p. 221).

CARVALHO, Luis Gustavo Grandinetti Castanho de. *Processo Penal e Constituição*: princípios constitucionais do processo penal. 6. ed. São Paulo: Saraiva, 2014.

CASARA, Rubens R. R. *Processo Penal do Espetáculo*: ensaios sobre o poder penal, a dogmática e o autoritarismo na sociedade brasileira. Florianópolis: Empório do Direito, 2015.

——. Apresentação. In: TIBURI, Marcia. *Como conversar com um fascista*. 3. ed. Rio de Janeiro: Record, 2015.

FENOLL, Jordi Nieva. La razón de ser de la presunción de inocencia. *Revista para el análisis del derecho*, Barcelona, 2016.

FERRAJOLI, Luigi. *Direito e Razão*: teoria do garantismo penal. 4. ed. São Paulo: Revista dos Tribunais, 2014.

FIORAVANTI, Maurizio. Los Derechos Fundamentales: apuntes de historia de las constituiciones. Madrid: Editorial Trotta, 1996.

FRAGOSO, Christiano Falk. *Autoritarismo e Sistema Penal*. Rio de Janeiro: Lumen Juris Direito, 2015.

FROMM, Erich. *O medo à liberdade*. 9. ed. Rio de Janeiro: Zahar, 1974.

GIACOMOLLI, Nereu José. *O devido processo penal*: abordagem conforme a Constituição Federal e o Pacto de São José da Costa Rica. São Paulo: Atlas, 2014.

——. Algumas Marcas Inquisitoriais do Código de Processo Penal Brasileiro e a Resistência às Reformas. In: GIACOMOLLI, Nereu José; MAYA, André Machado (eds). *Revista Brasileira de Direito Processual Penal*, São Paulo: Atlas, ano I, n. 01, jan./jun. 2015.

GLOECKNER, Ricardo Jacobsen. *Nulidades no Processo Penal*. 3. ed. São Paulo: Saraiva, 2017.

_____. Processo Penal Pós-Acusatório? Ressignificações do Autoritarismo no Processo Penal. In: *R. Emerj*. Rio de Janeiro, v. 18, n. 67, p. 378-408, jan.-fev. 2015.

GODOY, Arnaldo Sampaio de Moraes. *A História do Direito entre Foices, Martelos e Togas*: Brasil – 1935-1965. São Paulo: Quartier Latin, 2008.

GOMES, Luiz Flávio. Col. Saberes Críticos – Beccaria (250 anos) e o Drama do Castigo Penal: civilização ou barbárie? São Paulo: Saraiva, VitalSource Bookshelf Online, 2014.

GOMES FILHO, Antonio Magalhães. A presunção de inocência e o ônus da prova em processo penal. *Boletim IBCCRIM*, São Paulo, n. 23, nov. 1994.

GRAMSCI, Antonio. *Concepção Dialética da História*. 3. ed. Rio de Janeiro: Civilização Brasileira, 1978.

KARAM, Maria Lúcia. *Liberdade, Presunção de Inocência e Direito à Defesa*. Rio de Janeiro: Lumen Juris, v. 5, Coleção Escritos sobre a Liberdade, 2009.

KONDER, Leandro. *Introdução ao Fascismo*. 2. ed. São Paulo: Expressão Popular, 2009, p. 60.

LOPES JUNIOR, Aury. *Direito Processual Penal*. 11. ed. São Paulo: Saraiva, 2014.

——; GLOECKNER, Ricardo Jacobsen. *Investigação preliminar no processo penal*. 6. ed. São Paulo: Saraiva, VitalSource Bookshelf Online, 2014.

MACHADO, Antônio Alberto. *Teoria geral do processo penal*. 2. ed. São Paulo: Atlas, VitalSource Bookshelf Online, 2010.

MALAN, Diogo. Ideologia política de Francisco Campos: influência na legislação processual brasileira. In: PRADO, Geraldo; MALAN, Diogo (orgs.). *Autoritarismo e Processo Penal Brasileiro*. Rio de Janeiro: Lumen Juris, 2015.

MARQUES, Osvaldo Henrique Duek. *Contribuições para a compreensão do nazismo*: a psicanálise e Erich Fromm. São Paulo: Martins Fontes, 2017.

MENDES, Gilmar Ferreira; BRANCO, Paulo Gustavo Gonet. *Curso de Direito Constitucional*. 7. ed. São Paulo: Saraiva, 2012.

MIRZA, Flávio. Processo justo: o ônus da prova à luz dos princípios da presunção de inocência e do *in dubio pro reo*. In: ALVES, Cleber Francisco; SALLES, Sérgio de Souza (orgs.). *Justiça, Processo e Direitos Humanos: coletânea estudos multidisciplinares*. Rio de Janeiro: Lumen Juris, 2009.

MORAES, Maurício Zanoide de. *Presunção de Inocência no Processo Penal Brasileiro*: análise de sua estrutura normativa para a elaboração legislativa e para a decisão judicial. Rio de Janeiro: Lumen Juris, 2010.

MOREIRA, Romulo. Analogia não pode ser usada em situações que podem prejudicar o réu. In: *Consultor Jurídico*. Disponível em: <https://www.conjur.com.br/2015-nov-28/romulo-moreira-analogia-nao-usada-prejudica-reu>. Acesso em: 05 jan. 2018.

NEUMANN, Franz. *Estado Democrático e Estado Autoritário*. Rio de Janeiro: Zahar Editores, 1969.

NICOLITT, André Luiz. *Manual de Processo Penal*. 5. ed. São Paulo: Editora Revista dos Tribunais, 2014.

OLIVEIRA, Eugênio Pacelli de. *Curso de Processo Penal*. 18. ed. São Paulo: Atlas, 2014.

PAXTON, Robert O. *A Anatomia do Fascismo*. Tradução de Patricia Zimbre e Paula Zimbres. São Paulo: Paz e Terra, 2007, p. 358-359.

PONTES DE MIRANDA, F. C. *Democracia, liberdade e igualdade: os três caminhos*. São Paulo: José Olympio, 1945.

PRADO, Geraldo. *Prova penal e sistema de controles epistêmicos*: a quebra da cadeia de custódia das provas obtidas por métodos ocultos. São Paulo: Marcial Pons, 2014.

——. O Processo Penal Brasileiro vinte e cinco anos depois da Constituição: transformações e permanências. In: *R. Emerj*. Rio de Janeiro, v. 18, n. 67, p. 550-569, jan.-fev. 2015.

RANGEL, Paulo. *Direito Processual Penal*. 24. ed. São Paulo: Atlas, VitalSource Bookshelf Online, 2016.

——. *Tribunal do júri*: visão linguística, histórica, social e jurídica. 5 ed. São Paulo: Atlas, 2015

ROSA, Alexandre Morais da. O fim da farsa da presunção de inocência no sistema (ainda) inquisitório? STF, HC 91.232/PE, Min. Eros Grau. In: PRADO, Geraldo; MALAN, Diogo (orgs). *Processo Penal e Democracia*: estudos em homenagem aos 20 anos da Constituição da República de 1988. Rio de Janeiro: Lumen Juris, 2009.

SCHINKE, Vanessa Dorneles. *Judiciário e Autoritarismo*: regime autoritário (1964-1985), democracia e permanências. Rio de Janeiro: Lumen Juris, 2016.

STEINER, Sylvia Helena de Figueiredo. A Convenção Americana sobre Direitos Humanos e sua Integração ao Processo Penal Brasileiro. São Paulo: Revista dos Tribunais, 2000.

STRECK, Lenio Luiz. Aplicar a "letra da lei" é uma atitude positivista?. *Revista NEJ – Eletrônica*. Florianópolis, vol. 15, n. 1, p. 158-173, jan./abr. 2010.

WEDY, Miguel Tedesco. *Eficiência e Prisões Cautelares*. Porto Alegre: Livraria do Advogado, 2013.

——. *A Eficiência e sua Repercussão no Direito Penal e no Processo Penal*. Porto Alegre: Elegantia Juris, 2016.

WOLKMER, Antonio Carlos. *Ideologia, Estado e Direito*. 4. ed., rev., atual. e ampl. São Paulo: Revista dos Tribunais, 2003, p. 109.

— 4 —

Lei nº 12.850/2013 e a colaboração premiada: análise diante da relativização das garantias constitucionais

AUGUSTO TARRADT VILELA[1]

Sumário: 1. Introdução; 2. A colaboração premiada como tendência na obtenção da prova em Direito Penal; 3. Lei nº 12.850/13: Alguns comentários à colaboração premiada a partir de uma crítica constitucional; 3.1. Legitimidade da autoridade firmatária do acordo de colaboração premiada; 3.2. Oportunidade e contraditório: o desejo de colaborar e o direito prévio de contraditar; 3.3. Homologação do acordo de colaboração premiada: um caso de impedimento; 4. Prisão e colaboração premiada: eficiência penal a que preço?; 5. Conclusão; Referências bibliográficas.

1. Introdução

O uso do meio de obtenção de prova da colaboração premiada, fortalecida pela Lei n. 12.850/2013, tomou grande popularização nos últimos tempos, sendo instrumento chefe de grandes investigações como a "Lava Jato" e a "Carne Fraca". Contudo, algumas de suas características e regulamentações vêm sendo fortemente discutidas pela doutrina e jurisprudência, trazendo um dos grandes pontos a relativização ou mitigação de garantias constitucionais de colaboradores e delatados.

Por força dessa propagação do mecanismo da colaboração premiada e de questões não pacificadas, buscou-se identificar alguns pontos debatidos pela doutrina e jurisprudência para que se realizasse a análise de violações ou não às garantias constitucionais conferidas aos cidadãos, pretendendo-se contribuir com o debate e sua solução. A per-

---

[1] Advogado criminalista. Mestrando em Direito, linha de pesquisa Hermenêutica, Constituição e Concretização de Direitos, pela Universidade do Vale do Rio dos Sinos (UNISINOS); Especialista em Processo Penal pelos Instituto de Direito Penal Econômico e Europeu da Universidade de Coimbra e Instituto Brasileiro de Ciências Criminais (IDPEE-IBCCrim).

tinência do tema vem se tornando cada vez mais alarmante, uma vez que a "eficiência" produzida pela colaboração premiada vem sendo destacada pelas autoridades, como recuperação de ativos e o alto índice de denuncias e de condenações de pessoas envolvidas, entretanto, não se conhece realmente se essa eficiência, amparada pelo utilitarismo e análise econômica do direito, possui a devida relação com o processo penal, com o direito penal.

Temas como a legitimidade do delegado de polícia para firmar o acordo de colaboração premiada; a ausência de critérios objetivos e a possibilidade do delatado manifestar-se antes da homologação; da imparcialidade do julgador que homologa o termo, são alguns dos pontos tratados no presente artigo, além do debate acerca da possibilidade de celebração do acordo com colaborador que se encontra preso. Os receios causados pela instabilidade dos itens expostos preocupam a classe jurídica como um todo e, especialmente os próprios colaboradores que acabam por ter termos prejudicados e os delatados que não detêm condições de interferir.

Assim, com base nos itens acima, pretendeu-se alcançar a verificação de violações às garantias relacionadas a eles que, em primeiro momento, possuem real ofensa, ferindo direitos constitucionalmente protegidos e causando prejuízos irreparáveis, inclusive para própria legitimação do Estado, que ao desrespeitar as normas constitucionais, acaba por se autodecompor.

2. A Colaboração premiada como tendência na obtenção da prova em Direito Penal

A colaboração premiada, antes da Lei n. 12.850/2013 conhecida como delação premiada, é um meio de obtenção da prova há muito conhecido, já que possui sua raiz no direito premial, fortalecido no antigo direito romano, em que chegou a superar o próprio direito penal. Entretanto, a colaboração premiada destoa um pouco do direito penal convencional, já que seu prêmio não é concedido àquele não evolvido que colabora com as investigações, mas sim à pessoa integrante do esquema criminoso que delata seus comparsas,[2] possuindo uma maior similitude com o direito negocial, fortemente construído pela cultura anglo-saxônica.

Esse instrumento, conjuntamente com outros mecanismos negociais, vem tomando cada vez mais espaço no mundo jurídico, por di-

---

[2] WEDY, Miguel Tedesco. A colaboração premiada entre o utilitarismo e a racionalidade de princípios. In: *Revista Direito e Liberdade*. Vol. 18. n. 03. Natal: ESMARN, 2016. p. 213-231.

versas causas que o fortalecem, como a concepção de eficiência com a cultura da estratégia da antecipação.

Por força da globalização negativa,[3] a sociedade depreendeu ser possível conceder privilégios a determinados autores de delitos para atalhar o meio adequado de persecução penal, o processo. Isso porque se construiu uma concepção de eficiência estranha ao processo penal, trazendo elementares da economia para o centro do direito penal (humano), consolidando conceitos da Análise Econômica do Direito (AED) no sistema jurídico-penal, em que a maximização da riqueza, a estruturação da eficiência econômica constituem-se "como elemento preponderante para a verificação da legitimidade jurídica",[4] colocando como centro da relação jurídica do processo penal a busca por números, e afastando seu caráter humanístico.

O constante binário AED e utilitarismo passam a dividir espaço no direito penal, assemelhando-se ambas teorias de maneira alarmante, já que uma das grandes diferenças entre essas é a existência de um caráter objetivo de mensuração de justiça. Enquanto o utilitarismo procura centralizar os esforços do direito para alcançar a felicidade de um grupo,[5] a AED critica seu direcionamento, porque impossível de ser avaliada essa felicidade,[6] usufruindo, então, da maximização da riqueza como critério objetivo, todavia, ao se afastar o caráter mercadológico, pecuniário, da AED, as teorias acabam por se estabelecerem em demasiada similitude,[7] situação que ocorre no direito penal, em que

---

[3] Bauman, ao realizar a análise da globalização, realiza uma separação conceitual, construindo a concepção de globalização negativa, em que os efeitos deletérios da globalização são apontados pelo autor. Em uma delas, o sociólogo expõe que a globalização, ainda que desenvolvida em uma época cujos meios tecnológicos amparam a segurança, talvez esteja se passando por um dos maiores tempos de medo, de insegurança (BAUMAN, Zygmunt. *Medo líquido*. Tradução de Carlos Alberto Medeiros. Rio de Janeiro: Zahar, 2008. p. 126-127).

[4] WEDY, Miguel Tedesco. *A eficiência e sua repercussão no direito penal e processo penal*. Porto Alegre: Elegantia Juris, 2016. p. 90.

[5] BENTHAM, Jeremy. Uma introdução aos princípios da moral e da legislação. Tradução de Luiz João Baraúna. In: *Os pensadores*. 2ª ed. São Paulo: Abril cultural, 1979. p. 04-68

[6] Posner, ao realizar duras críticas a Shavell's, compulsando um dos exemplos do referido autor, mencionou a importância do utilitarismo para a economia, contudo, também conduziu seu raciocínio para as arbitrariedades desse: "It is an example of how a commitment to utilitarianism can lead one astray. Utility is a useful concept in economics but the idea that a society should strive to maximize utility (and whose utility? – just members of the society, or foreigners too, or maybe, as the classical utilitarians thought, animals too? – and what about unborn generations?) cannot be taken seriously once one actually starts to think about it". (POSNER, Richard A. A review of Steven Shavell's "Foundations of Economic Analysis of Law". In: *Journal of Economic Literature*. Vol. 44. n. 2. Jun./2006. p. 405-414. Disponível em: <http://www-jstor-org.ez101.periodicos.capes.gov.br/stable/30032254>. Acesso em: 20 jan. 2018).

[7] GOLDMAN, Diego H. Análisis económico del derecho penal y derecho penal liberal: confluencias y bifurcaciones. In: *Revista Derecho Penal y Criminología*. Vol. 38, n. 104, jan.-jun. de 2017, Bogotá, Universidad Externado de Colombia. p. 13-74. DOI: <https://doi.org/10.18601/ 01210483.v38n104.02>.

não se discute a real concepção de valores, mas sim de fato penalmente relevante. Essas condições demonstram que o direito penal deve ser pautado por uma concepção diversa de eficiência, uma eficiência que coincida com a real aplicabilidade de garantias e justiça, sob pena de constituir a ilegitimidade de seu julgar.[8]

A eficiência econômica, ainda que prejudicial ao processo penal, não navega solitária na propulsão da colaboração premiada. A estratégia da antecipação também é fator que viabiliza a popularização desse mecanismo, e de tantos outros,[9] enraizando-o ainda mais na cultura jurídico-brasileira.

Wildavsky diagnostica que duas estratégias universais genéricas vêm sendo utilizadas para alcançar uma maior segurança, a (i) *resilience strategy* e a (ii) *anticipation strategy*, inclusive capazes de serem aplicadas por diversas formas vivas.[10] *A resilience strategy* – na tradução de Beriain como *capacidad adaptatíva* – desenvolve-se quando o sistema age primeiro e, ao se deparar com o erro, o corrige, adquirindo segurança e experiência, já a *anticipation strategy – anticipación –* é o mecanismo oposto, o sistema pretende evitar, previamente, as ameaças tidas como hipotéticas e não permite experimentos sem garantias prévias contra o erro. Beriain,[11] ao analisar o estudo de Wildavsky,[12] reafirma que esse depreende que a utilização da estratégia da antecipação viabiliza a criação de novos riscos e impede a análise de "oportunidades de benefícios" que derivam do risco a ser assumido.

---

[8] WEDY, Miguel Tedesco. *Eficiência e prisões cautelares*. Porto Alegre: Livraria do Advogado Editora, 2013. p. 18.

[9] A estratégia da antecipação vem sendo utilizada para evitar danos concretos, trabalhando já com a escassez de riscos ao cidadão, é por sua influência, por exemplo, que se observa a propagação dos delitos de perigo, os quais consideram como fatos penalmente relevantes aqueles que tão somente colocam em risco determinados bens jurídicos, não havendo necessidade de ofensa a esses bens.

[10] WILDAVSKY, Aaron. *Searching for safety: social theory and social policy*. Londres: Routledge, 2017. Documento disponível para Kindle.

[11] BERIAIN, Josetxo. El doble sentido de las consecuencias perversas de la modernidad. In: BERIAIN. *Las consecuencias perversas de la modernidad: modernidade, contigencia y riesgo*. Org. Josetxo Beriain. Trad. de Celso Sánches Capdequí. Barcelona: Anthropos, 1996. p. 07-29.

[12] A análise exposta por Beriain tona-se ainda mais visível ao compulsar o seguinte trecho escrito por Waldsvasky: "I stress the counterintuitive implications of anticipation as a strategy for securing safe because this should guard us (and policy makers as well) against the facile conclusion that the best way to protect people is always to reduce in advance whatever hypothetical risk may be imagined, rather than enable people to cope in a resilient fashion dangers when, as, and if they manifest themselves. Are we better of doing nothing unless we are absolutely certain it is safe, or are we better of doing as much as we can ruling out only high probability dangers that we can effectively prevent and relying otherwise on our ability to deal with harms as day arise?" (WILDAVSKY, Aaron. *Searching for safety: social theory and social policy*. Londres: Routledge, 2017. Documento disponível para Kindle).

Percebe-se que essa estratégia antecipativa acabou por fortalecer a colaboração premiada, uma vez que o mecanismo tenta agir antes mesmo do processo criminal, antecipando provas que viabilizariam uma condenação, deixando de lado riscos saudáveis do próprio processo penal, como a colheita adequada da prova que poderá afastar dúvidas na empreitada do delito ou, até mesmo, criá-la diante da palavra daquele possível delator. A forma com a qual se colhem as informações da colaboração afasta a dinâmica do processo, pois ao invés de permitir que a outra parte provoque a testemunha expondo fatos que apenas a parte detém o conhecimento, permite que a autoridade firmatária do acordo busque aquilo que deseja, sem permitir a participação do "delatado", constituindo um processo penal pré-constituído, só que sem as garantias inerentes do processo em si (*due process of law*).

Não obstante a essas percepções, outra preocupação que surge em razão da colaboração premiada é sua utilização para aliciar o réu ou investigado a firmar o acordo. Muitas vezes, como adiante se observará, a colaboração acaba sendo moeda de troca para soltura de réu preso, sendo, em diversos momentos, o meio encontrado para o delator buscar sua soltura, fazendo, assim, qualquer alegação para que se veja em liberdade, incitando-o, o próprio Estado, a proferir inverdades, a dizer aquilo que a autoridade firmatária do acordo deseja ouvir. Isto é, há uma semeação de "justiça forçada", sob a alegação de uma eficiência contraproducente ao sistema, expandindo-se espaços de consenso no âmbito da justiça criminal, levando à relativização das garantias fundamentais.[13]

Todavia, não se nega que esse fenômeno negocial vem sendo cada vez mais pugnado pelo senso comum, pela vontade popular e albergada por autoridades da esfera jurídica e política em razão de sua "eficiência", uma vez que a recuperação de valores que teriam sido desviados é alta[14] e fornece a sensação de efetividade da justiça, contudo, a eficiência tratada dessa forma, possui o cunho meramente econômico, como já apontado, sendo incompatível com o direito penal.

---

[13] VASCONCELLOS, Vinícius Gomes de. Barganha e acordos no processo penal: crítica às tendências de expansão da justiça negociada no Brasil. In: *Boletim Informativo IBRASPP*. Ano 4. n. 6. São Paulo: Editora Atlas, 2014. p. 06-08.

[14] A colaboração premiada vem sendo estudada, como já referido, com forte influência da Análise Econômica do Direito. Exemplo disso é a constante legitimação da colaboração premiada pela eficiência econômica, que demonstra a recuperação de ativos por parte de operações, como a Lava Jato, conforme se observa na obra: FONSECA, Cibele Benevides da. TABAK, Benjamin Miranda. AGUIAR, Júlio Cesar de. *A colaboração premiada compensa?*. Brasília: Núcleo de Estudos e Pesquisas/CONLEG/Senado, agosto/2015 (Texto para Discussão nº 181). Disponível em: <https://www12.senado.leg.br/publicacoes/estudos-legislativos/tipos-de-estudos/textos-para-discussao/td181>. Acesso em: 28 jan. 2018. p. 23.

É importante ressaltar que não se desconhece a eficiência de mecanismos negociais no âmbito do processo penal na concepção de otimização temporal do processo ou, de fato, financeira, contudo, é imprescindível que se detenha o conhecimento dos limites que devem ser impostos a este instituto e da racionalidade que deverá ser enfrentada.[15] É certo que o direito penal não pode agir ignorando outros sistemas como a economia, porém, mais certo ainda, que não será a economia que ditará as regras ao direito, especialmente o penal, porque não se trata de riqueza – em seu mais amplo aspecto –, mas sim de justiça humana.

A colaboração premiada é um meio de obtenção de provas que se desenvolveu para se consolidar no ordenamento jurídico-penal, isto é fato, mas seu emprego não afasta a necessária adequação aos preceitos constitucionais, o qual obriga o respeito às garantias individuais, devendo as normas do instituto da colaboração amoldarem-se à Carta Magna, e não o contrário. É preciso aprofundar-se no conteúdo constitucional para evitar violações que vêm preocupando, inclusive, países cuja semelhança jurídica é alta.[16] Há de se estabelecer limites.

3. Lei nº 12.850/13: alguns comentários à colaboração premiada a partir de uma crítica constitucional

A colaboração premiada, conforme já visto, é um instrumento que vem amplamente sendo utilizado na condução de investigações e processos criminais. Entretanto, alguns pontos trazidos e mantidos pela Lei nº 12.850/13 cultivaram determinadas obscuridades, havendo a necessidade de se discutir algumas dessas no presente capítulo, a fim de confrontá-las com os dispositivos constitucionais.

3.1. Legitimidade da autoridade firmatária do acordo de colaboração premiada

Um dos pontos mais discutidos no âmbito jurisprudencial e doutrinário é a legitimidade das autoridades firmatárias do acordo de colaboração premiada, uma vez que os §§ 2º e 6º do artigo 4º da Lei de Organizações Criminosas legitimam tanto o Ministério Público para realização do termo de colaboração premiada, quanto o delegado de

---

[15] WEDY, Miguel Tedesco. A colaboração premiada entre o utilitarismo e a racionalidade de princípios. In: *Revista Direito e Liberdade*. Vol. 18. n. 03. Natal: ESMARN, 2016. p. 213-231.
[16] CANOTILHO, J. J. Gomes; BRANDÃO, Nuno. Colaboração premiada: reflexões críticas sobre os acordos fundantes da operação lava jato. In: *Revista Brasileira de Ciências Criminais*. vol. 133. Jul./2017. p. 133-171.

polícia, o que vem causando desconforto entre as instituições do MP e Polícia, isso porque entende o Ministério Público que a legitimação do delegado de polícia para firmar os acordos de colaboração fere os postulados do acusatório e da moralidade, tanto é que a Procuradoria-Geral da República (PGR) propôs a ADI n. 5508,[17] cujo objeto é buscar a inconstitucionalidade parcial dos mencionados dispositivos, para que haja supressão da legitimidade concedida aos delegados.

Consoante o entendimento da PGR, ao se conceder ao delegado a legitimidade de firmar acordos de colaboração premiada, estar-se-ia ofendendo o princípio do acusatório por ser um ato que influencia diretamente na ação penal, cuja exclusividade constitucional é do Ministério Público, sendo que a natureza da investigação criminal é subsidiar à ação penal, o que se leva a compreender que o Ministério Público não reconhece a colaboração como meio investigatório, já que não caberia ao delegado firmar o acordo. Outra questão alegada na mencionada ADI é o fato da Lei nº 12.850/2013 exigir, tão somente, a manifestação do Ministério Público quanto ao acordo firmado entre delegado e colaborador, não fornecendo caráter vinculativo ao parecer ministerial e que isso, necessariamente, também violaria o princípio acusatório.

Em contrapartida, os defensores da legitimidade dos delegados de polícia para celebração do acordo, como Bitencourt, por exemplo, ressaltam que não há violação ao princípio do acusatório a firmatura do acordo de colaboração pelo delegado de polícia, haja vista que é um instrumento investigatório, pretendendo o Ministério Público monopolizar, inclusive, a investigação pré-processual. Destaca o autor que a polícia é um órgão que possui independência funcional, não possuindo o MP poder de autoridade sobre ela, agindo tão somente como fiscal externo daquela, sem qualquer gestão ou gerência, não havendo ilegalidade na designação legal do delegado como autoridade para firmar o termo de colaboração.[18]

Fato é que o legislador infraconstitucional, ao estabelecer o delegado de polícia como autoridade legítima para firmar acordos de colaboração premiada, não deixou dúvidas que a colaboração premiada é um instrumento, também, investigativo, afastando a possibilidade de real decisão do Ministério Público sobre os termos e as condições do acordo realizado entre polícia e colaborador. Isso se torna ainda mais evidente ao se analisar o parecer da Comissão de Constituição e Justiça que, ao discutir o PLS n. 150/2006, posteriormente convertido na

---

[17] STF. Ação Direta de Inconstitucionalidade n. 5508. Min. Rel. Marco Aurélio.
[18] BITENCOURT, Cezar Roberto. Polícia Federal tem legitimidade para presidir delação premiada. In: Conjur. Disponível em: <https://www.conjur.com.br/2017-out-17/cezar-bitencourt-policia-legitimidade-presidir-delacao>. Acesso em: 10 fev. 2018.

Lei n. 12.850/2013, modificou os textos dos §§ 2º e 6º do artigo 4º da referida lei que previa o termo "concordância" do Ministério Público para que constasse "manifestação", sob o argumento de que cabe ao magistrado concordar ou não com os termos da colaboração premiada quando da homologação,[19] isto é, o legislador conscientemente concedeu a legitimidade ao delegado e afastou a interferência do MP desse acordo.

A situação de legitimidade não é simples de ser resolvida. Parece ser importante, no decorrer da investigação criminal, que possa o delegado realizar termos de colaboração para viabilizar o desenvolver da investigação, sendo o instrumento policial de investigação autônomo e não dependente da vontade do Ministério Público. Entretanto, parece ser conflitante seguir a linha de que os termos estabelecidos no acordo de colaboração premiada não dependam do aval do Ministério Público, mas tão somente do Judiciário, isso porque a colaboração premiada realizada pelo delegado pode – e deve – refletir diretamente na ação penal, colocando em colidência o interesse policial com o acusatório, causado pela própria Lei de Organizações Criminosas.

Exemplo disso seria a propositura, no acordo, do não oferecimento da denúncia. Estaria o delegado autorizado a propor esse benefício estabelecido no artigo 4º, § 4º, da Lei nº 12.850? O raciocínio permite levar ao não, mas, então, há de existir limites para a colaboração premiada firmada por delegado de polícia?

Soma-se a isso ato de alta relevância para o processo penal, os efeitos da retratação da colaboração premiada. Se no decorrer da investigação tiver sido celebrado o acordo entre o delegado de polícia e o colaborador, e houver a retratação de qualquer um desses, todas as provas autoincriminatórias produzidas no decorrer da colaboração não poderão ser utilizadas contra o colaborador. Essa circunstância imprescindivelmente atingirá a estratégia acusatória do Ministério Público, refletindo diretamente na ação penal.

Não se pode ignorar que a colaboração premiada firmada por delegado de polícia afeta colateralmente a ação penal, desviando atribuições constitucionalmente do órgão persecutor ao órgão investigador, influenciando na utilização do *jus puniendi*, inclusive na aplicação de medidas como o perdão judicial sem que haja pretensão do Ministé-

---

[19] SLHESSARENKO, Serys. Projeto de Lei do Senado n. 150/2006. Dispõe sobre as organizações criminosas, os meios de obtenção da prova, o procedimento criminal; altera o Decreto-Lei nº 2.848, de 7 de dezembro de 1940 – Código Penal; revoga a Lei nº 9.034, de 3 de maio de 1995; e dá outras providências. Disponível em: <http://www.camara.gov.br/proposicoesWeb/fichadetramitacao?idProposicao=463455>. Acesso em: 10 fev. 2018.

rio Público.[20] Se em casos de menos complexidade negocial, como na transação penal e suspensão condicional do processo, cabe apenas ao Ministério Público dispor, não parece constitucionalmente válido reconhecer a possibilidade do delegado de polícia firmar o acordo de colaboração premiada. Todavia, embora suspensa a ADI n. 5508, o Supremo caminha para declaração de constitucionalidade da colaboração firmada por delegado, pois dos 11 ministros, 6 já se manifestaram concedendo parcial procedência à ação, direcionando para algumas limitações no agir do delegado.

À polícia cabe, pela sua expansão do século passado, auxiliar no processo,[21] não podendo nele agir. Basta observar que o próprio inquérito policial é dispensável à acusação, podendo o Ministério Público formar seu convencimento mesmo sem o referido procedimento administrativo.[22] O que se faz levantar outra questão que talvez venha o STF a discutir: Seria a colaboração premiada firmada por delegado de polícia dispensável, já que o principal instrumento (inquérito policial) é? Essa outra problemática ainda deverá ser enfrentada, mas ainda se tem que a realização da colaboração premiada por delegado de polícia possui sim reflexos no princípio do acusatório.

A Constituição Federal, ao estabelecer em seu art. 129, inciso I, a titularidade da ação penal pública ao Ministério Público, também insculpiu a garantia do cidadão de ser processado por autoridade competente, então, se houver influência concreta na persecução penal, deve a autoridade competente para persecução, no caso o Ministério Público, ser o operador do instrumento, caso contrário poderá haver incertezas não apenas às autoridades, mas ao próprio colaborador, que poderá ver seu acordo prejudicado por indisposições institucionais e seu processo maculado por fatores externos à Constituição.

3.2. Oportunidade e contraditório: o desejo de colaborar e o direito prévio de contraditar

A falta de critérios para garantir o direito à colaboração premiada é outra situação que fragiliza o instituto. A legislação penal concedeu grande poder discricionário às autoridades legitimadas a celebrar o acordo da colaboração, não estabelecendo requisitos ou critérios para que esse benefício possa ser garantido a todos aqueles que desejariam

---

[20] SILVA, Edimar Carmo da. *O princípio acusatório e o devido processo legal*. Porto Alegre: Nuria Fabris, 2010, p. 69-71.

[21] FERRAJOLI, Luigi. *Direito e razão*: teoria do garantismo penal. 3ª ed. rev. São Paulo: Editora Revista dos Tribunais, 2010. p. 707-709.

[22] PACELLI, Eugênio. *Curso de processo penal*. 21ª ed. rev., atual. e ampl. São Paulo: Atlas, 2017. p. 59.

colaborar com a investigação ou processo. Colaboram tão somente aqueles que interessam à autoridade, mesmo que antes de qualquer outro surja alguém na intenção de colaborar, pela mera conveniência da autoridade, essa pessoa poderá ser descartada, produzindo um sistema seletivo da colaboração premiada, outorgando à autoridade poderes incontroláveis por outros fiscais externos.[23]

A crítica que deve ser observada nesse ponto é a imprescindível fixação de critérios objetivos para permitir que todo aquele que deseje colaborar com a investigação ou processo possa exercer esse direito. O sistema jurídico não pode criar mais um instituto de benefícios para determinadas pessoas, é necessário que se conceda o direito de colaborar a todos aqueles que assim se propõem, nem que haja prazo preclusivo para tanto. Em um Estado Democrático de Direito, a tendência é, e sempre será, restringir a discricionariedade das autoridades para impor pela lei toda e qualquer atividade, sejam beneplácitos, sejam prejuízos, evitando barganhas fora da conjuntura negocial balizadora do direito penal.

Em paralelo a isso, exsurge a impossibilidade de contraditório prévio à homologação da colaboração premiada. É inerente à colaboração que os colaboradores delatem coautores e partícipes, apontando a participação desses no delito e, em muitas vezes, tão somente mencionando-os, imputando fatos criminosos sem que saibam individualizar a conduta desses delatados supostamente envolvidos. Consoante disciplina o § 3º do art. 7º da Lei n. 12.850/2013, o sigilo do termo de colaboração premiada permanece até o recebimento da denúncia, sendo, a partir desse momento, publicizado o conteúdo do acordo, inclusive com a justificativa da denúncia de pessoas que nele foram citados. Contudo, parece haver efetivo retrocesso nesse dispositivo, apesar da Primeira Turma do STF ter definido que o mencionado dispositivo é mero marco para o fim do sigilo, podendo antes mesmo da denúncia ser recebida haver a abertura de prazo para manifestação dos delatados,[24] é trivial que esse sigilo seja levantando tão somente após a homologação do acordo que, inadvertidamente, já acaba por ser publicizado de alguma forma. Em momento no qual o ordenamento jurídico-penal vem caminhando para uma prévia justificação de investigados e envolvidos, sem que haja a prejudicial divulgação de circunstâncias inverídicas, viabilizar a homologação do acordo sem a manifestação do

---

[23] Verifica-se essa situação já no caso da colaboração premiada realizada com Joesley Batista, em que há, ainda, discussão acerca de concessões de benefícios por parte de membros do Ministério Público. Sobre o assunto: GRILLO, Brenno. Possível revisão de delação de Joesley mostra falta de critérios de acordos. In: *Conjur*. Disponível em: <https://www.conjur.com.br/2017-set-07/possivel-revisao-delacao-mostra-falta-criterios-acordos>. Acesso em: 11 fev. 2018.

[24] STF. AgR no Inq. 4435. Min. Rel. Marco Aurélio. Julgado em 12 set. 2017.

delatado ou, talvez pior ainda, permitir que se manifeste apenas em resposta à acusação, vai de encontro à nova política criminal da real justa causa da ação.

Como exemplo dessa tendência, tem-se a novel redação dada à Lei n. 8.906/1994, em que se estabeleceu o direito do advogado em apresentar razões e quesitos ainda em fase investigatória, tudo para poder conceder maior procedibilidade às investigações e o direito do envolvido de esclarecer os fatos, retirando, se for o caso, o ônus investigatório e o dispêndio de recursos (temporal e financeiro) sobre pessoa que não possui relação com o fato delatado. Ainda, seria inviável reconhecer a homologação do acordo sem que houvesse justificações a serem apresentadas. Se o colaborador apresentou informações inverídicas, ou até mesmo mal interpretadas, poderia o delatado expor a contradição e, inclusive, acabar por alterar a viabilidade de homologação do termo de acordo.

Esse entendimento de óbice ao contraditório de terceiro à colaboração premiada vem firmando-se no entendimento, por exemplo, do Superior Tribunal de Justiça, que ao analisar agravo interposto por terceiro citado em termo de colaboração premiada, cujo objeto era a validade do acordo, uma vez que o órgão do Ministério Público que havia firmado o termo não possuía atribuição para tal e que o juiz que o homologou não detinha competência, pois o delatado desfrutava de foro privilegiado, entendeu o STJ que o terceiro (delatado) não pode impugnar a validade do acordo.[25] Apesar de não se possuir, ainda, o acesso integral à decisão, o posicionamento da superior corte de justiça certamente é preocupante, porquanto não permite que aquele que fora envolto em delação possa impugnar sua validade, permitindo-se a produção de prova antecipada contra terceiro sem que esse possa manifestar-se no momento da elaboração probatória, mais ainda, permite, em razão da homologação pelo magistrado e confirmação em sentença, o pré-julgamento dos coautores ou partícipes delatados,[26] ato que parece não ser salutar ao processo penal e compatível com o Estado Democrático de Direito.

A fixação de critérios objetivos para que qualquer pessoa tenha o direito de colaborar, para se evitar beneficiamento seletivo é necessá-

---

[25] As informações foram retiradas do Portal Notícias do Superior Tribunal de Justiça, uma vez que o número do processo permanece em segredo por força de sigilo. (STJ. Terceiro citado em delação premiada não pode impugnar validade do acordo. Disponível em: <http://www.stj.jus.br/sites/STJ/default/pt_BR/Comunica%C3%A7%C3%A3o/noticias/Not%C3%ADcias/Terceiro-citado-em-dela%C3%A7%C3%A3o-premiada-n%C3%A3o-pode-impugnar-validade-do-acordo>. Acesso em: 12 fev. 2018).

[26] ESTELLITA, Heloísa. A delação premiada para a identificação dos demais coautores ou partícipes: algumas reflexões à luz do devido processo legal. *Boletim IBCCrim*, n. 202, ano. 17. São Paulo, set./2009. p. 03-04.

rio para que o princípio da isonomia, destacado no *caput* do art. 5º da Constituição Federal, seja respeitado. Embora no direito penal observe-se as peculiaridade do indivíduo, a norma geral, para pode tratar de maneira desigual, deve estabelecer critérios técnicos e objetivos, não sendo plausível o caráter discricionário para tanto. Quanto à manifestação prévia à homologação do termo de acordo, tendo em vista que se trata de produção de prova sem a presença do delatado, constitui-se em verdadeira afronta ao devido processo legal (art. 5º, inciso LIV, da CF), e à ampla defesa e ao contraditório (art. 5º, inciso LV da CF), uma vez que há restrições aos meios de impugnação do delatado.

3.3. Homologação do acordo de colaboração premiada: um caso de impedimento

Outra circunstância não ajustada pela Lei n. 12.850/2013 foi a homologação realizada pelo magistrado, ou, de forma mais específica, o não reconhecimento da homologação como causa de impedimento do magistrado por violação de sua imparcialidade objetiva, já que, por força dos incisos do art. 4º da referida lei, ao homologar o termo de colaboração, o magistrado, consequentemente, acaba por realizar o pré-recebimento da denúncia, isso porque os mesmos elementos para avaliação do recebimento da inicial acusatória são verificados quando da homologação do termo de colaboração premiada, o que impediria o magistrado homologador de permanecer como instrutor do processo judicial.[27]

O Brasil é reconhecido como um país que possui forte incongruência no que diz respeito à imparcialidade do magistrado na seara penal, enquanto demais países estabeleceram a figura do juiz de garantias, o qual atua somente em fases investigatórias e pré-processuais, a cultura tupiniquim depreende que a prevenção é causa de fixação de competência – o juiz que atua na investigação é o mesmo que julgará o processo –, permanecendo o direito processual penal brasileiro na contra mão dos países de cultura jurídica semelhante (Itália, Portugal, Chile, por exemplo). Não seria no instituto da colaboração premiada que a legislação resolveria mudar sua tendência, mantendo o caráter da competência preventiva para o juiz que homologar o termo de colaboração, contudo, é importante constatar os reflexos causados pela permanência da competência com o juiz que homologa o acordo.

Por força do art. 4º, §§ 7º e 8º, da Lei de Organizações Criminosas, o magistrado ficará encarregado de homologar o termo de colabora-

---

[27] CID, Daniel Del. A homologação dos acordos de colaboração premiada e o comprometimento da (justa) prestação jurisdicional. *Boletim IBCCrim*, n. 276, ano 23. São Paulo, nov. 2015. p. 15-18.

ção, fazendo análise prevista nos incisos do mesmo artigo, causando, impreterivelmente, a formação da convicção magistral sobre a culpa do indivíduo, mesmo quando nem sequer se iniciou o processo de sua formação,[28] além do consequente recebimento da denúncia inexistente, já que os requisitos para homologar o termo de acordo são os mesmos para seu recebimento – severa incoerência jurídica, já que o juiz realiza, com a homologação, a autorização ao Ministério Público denunciar –. Que o ato homologatório por parte do Poder Judiciário para manter a revisão jurisdicional e o equilíbrio entre as partes é necessário não há dúvidas, entretanto, há maneiras de assim ocorrer, como a solução proposta por Cid, em que o acordo deveria ser encaminhado para outro magistrado, em forma de procedimento incidental, para que, então, o homologue ou não[29] (claro que este magistrado não poderá substituir, eventualmente, o juiz-presidente do processo derivado da colaboração). É evidente que a permanência do magistrado que homologa o acordo acaba por violar a garantia do cidadão ser julgado por juiz imparcial.

Aliás, imparcialidade é um tema complexo de ser tratado quando o tema é colaboração premiada. O já mencionado § 8º do art. 4º da Lei n. 12.850/2013, concede o direito do magistrado a adequar as cláusulas do acordo ao caso em concreto. Nos termos do texto jurídico, o magistrado interferiria diretamente no acordo, realizando ajustes, sem previsão legal de concordância da autoridade frimatária ou do colaborador, outorgando ao juiz o pleno exercício de intervir diretamente na negociação, não ficando adstrito aos parâmetros meramente legais de validade das cláusulas, mas sim de alterá-las ou, até mesmo, incluí-las. A Lei n. 12.850/2013 novamente viabiliza a quebra da imparcialidade do magistrado ao não explicitar que o ato jurisdicional deve ser apenas de controle de legalidade e constitucionalidade, mas não de convencionalidade, isto é, o magistrado deve homologar o acordo (em parte ou integral) ou não, devendo, no caso de não homologação integral ou parcial, intimar as partes para que façam os ajustes, recorram ou concordem.

É certo que a Constituição Federal, infelizmente, não deixou explícita a imprescindível garantia da imparcialidade do julgador, todavia, outros tantos mecanismos autorizam sua verificação implícita,[30] como ao determinar o princípio do acusatório em seu art. 129, inciso I, ao fixar

---

[28] MELO, Valber; BROETO, Filipe Maia. Homologação do acordo de delação como causa (i)legal de (pre)julgamento. In: *Conjur*. Disponível em: <https://www.conjur.com.br/2017-set-28/homologacao-delacao-causa-ilegal-prejulgamento>. Acesso em: 12 fev. 2018.

[29] CID, Daniel Del. A homologação dos acordos de colaboração premiada e o comprometimento da (justa) prestação jurisdicional. *Boletim IBCCrim*, n. 276, ano 23. São Paulo, nov. 2015. p. 15-18.

[30] Eros Grau diagnostica a previsão de princípios explícitos e implícitos, para o autor o princípio da imparcialidade é extraído pela análise teleológica dos dispositivos constitucionais do art. 95, parágrafo único, e art. 5º, inciso XXXVII, todos da Constituição Federal. (GRAU, Eros. *Ensaio e discurso sobre a interpretação/aplicação do direito*. 4ª ed. São Paulo: Malheiros Editores, 2009. p. 144).

o direito de ser julgado por autoridade competente e inexistir tribunal de exceção (art. 5, incisos LIII e XXXVII) e ao estabelecer as vedações da carreira da magistratura no parágrafo único do art. 95, todos da Constituição Federal. Assim, quando se está a falar em juiz, necessariamente está-se falando em imparcialidade, porquanto haveria paradoxo ao reconhecer um juiz parcial.[31] Por mais que o Brasil seja rico em autorizações legais para atuação preventiva do magistrado ou sua interferência direta na produção da prova, mecanismos como esses afrontam diretamente a Constituição Federal e devem ser veementemente rechaçados, inclusive pelo próprio Poder Judiciário, o qual detém o dever de compatibilizar as normas à Carta Política, ainda que isso resulte na redução de atribuições concedidas pelo legislador infraconstitucional.[32]

O direito ao julgamento imparcial é naturalístico do sistema de justiça, tanto que acordos internacionais como a Convenção Americana de Direitos Humanos[33] e o Pacto Internacional sobre Direitos Civis e Políticos,[34] todos ratificados pelo Brasil, preveem expressamente essa qualidade do juiz, a qual é fundamental para construção de um processo penal constitucional,[35] sendo ato contrário expresso meio deslegitimador da aplicação do direito penal.

---

[31] BADARÓ, Gustavo Henrique. A garantia do juiz natural: predeterminação legal do órgão competente e da pessoa do julgador. In: *Direito penal e processo penal*: processo penal I. Org. Gustavo Henrique Badaró. São Paulo: Revista dos Tribunais, 2015. p. 29-54.

[32] Para conhecimento, havia projeto de lei para estabelecer o impedimento do juiz homologador do termo de colaboração premiada para instrução da ação penal. Entretanto, o referido projeto fora retirado pelo próprio proponente. (NETTO, Expedito. Projeto de Lei da Câmara dos Deputados n. 8.613/2017. Determina impedimento do juiz que homologar a colaboração premiada para processar e julgar a ação penal respectiva. Disponível em: <http://www.camara.gov.br/proposicoesWeb/fichadetramitacao?idProposicao=2152022>. Acesso em: 12 fev. 2018).

[33] O art. 8º, n. 1, da Convenção Americana de Direitos Humanos, internalizado pelo Decreto n. 678/1992, dispõe que: "Art. 8º Garantias judiciais: 1. Toda pessoa terá o direito de ser ouvida, com as devidas garantias e dentro de um prazo razoável, por um juiz ou Tribunal competente, independente e imparcial, estabelecido anteriormente por lei, na apuração de qualquer acusação penal formulada contra ela, ou na determinação de seus direitos e obrigações de caráter civil, trabalhista, fiscal ou de qualquer outra natureza".

[34] O art. 14, n. 1, do Pacto Internacional sobre Direitos Civis e Políticos, internalizado pelo Decreto n. 592/1992, dispõe que: "Art. 14: 1. Todas as pessoas são iguais perante os tribunais e as cortes de justiça. Toda pessoa terá o direito de ser ouvida publicamente e com devidas garantias por um tribunal competente, independente e imparcial, estabelecido por lei, na apuração de qualquer acusação de caráter penal formulada contra ela ou na determinação de seus direitos e obrigações de caráter civil. A imprensa e o público poderão ser excluídos de parte da totalidade de um julgamento, quer por motivo de moral pública, de ordem pública ou de segurança nacional em uma sociedade democrática, quer quando o interesse da vida privada das Partes o exija, que na medida em que isso seja estritamente necessário na opinião da justiça, em circunstâncias específicas, nas quais a publicidade venha a prejudicar os interesses da justiça; entretanto, qualquer sentença proferida em matéria penal ou o civil deverá torna-se pública, a menos que o interesse de menores exija procedimento oposto, ou processo diga respeito à controvérsia matrimoniais ou à tutela de menores".

[35] O Processo Penal Constitucional forma-se na medida em que a persecução penal apenas é procedida com base nas determinações constitucionais, sendo qualquer ato diverso um atentado ao

4. Prisão e colaboração premiada: eficiência penal a que preço?

A realização de acordos de colaboração premiada com pessoas presas vem sendo discutida com muita ênfase. De um lado há os que defendam a possibilidade de firmar termo com investigados ou réus presos, de outro estão aqueles que asseguram que a prisão vem sendo utilizada como mecanismo de coerção ao potencial colaborador, para que viabilize o acordo e delate outras pessoas. Por esses motivos, o presente tópico dedica-se a compulsar ambas posições para verificar se há ou não possíveis abusos na realização de acordos com pessoas presas.

Iniciando-se pelo entendimento de que há possibilidade de realização de acordo com réus ou investigados presos, bem como de que os deferimentos de prisões não têm sido utilizados para forçar a colaboração, observa-se que essa tese vem respaldada pelo entendimento como o de Fonseca, Tabak e Aguiar, os quais afirmam que a colaboração premiada sempre é firmada pela voluntariedade, inexistindo a possibilidade de ocorrer coação para que possa surtir seus efeitos. Ademais, quanto à prisão em si, tem-se que seus requisitos estão devidamente elencados no art. 312 do Código de Processo Penal e se estes requisitos estão devidamente preenchidos, a prisão preventiva deve ser decretada, independentemente do réu ou investigado desejar ou não colaborar, havendo possível soltura após a realização de acordo que terá como objeto esta benesse. Inclusive ressaltam uma espécie de indiferença com a prisão, pois mesmo os réus ou investigados soltos, ao verificarem a intolerância do Estado com o delito e a contundes da prova, acabam por realizar acordos de colaboração premiada para alcançar alguns benefícios.[36]

Essa defesa pela realização de acordos de colaboração premiada com pessoas presas inclusive foi argumentada pelo ex-procurador-geral da república, Rodrigo Janot, que referiu, sobre os acordos de colaboração firmados na operação lava jato, que apenas 15% foram celebrados com presos, sendo os demais soltos,[37] o que demonstraria a não

---

Estado Democrático de Direito (VILELA, Augusto Tarradt. A posição do interrogatório no rito da lei de drogas e sua (in)compatibilidade com o processo penal constitucional: uma crítica à jurisprudência do TJRS, TRF4, STJ e STF. In: *Revista Brasileira de Ciências Criminais*. São Paulo, ano 24, vol. 124, p. 105-141, out. 2016).

[36] FONSECA, Cibele Benevides da; TABAK, Benjamin Miranda; AGUIAR, Júlio Cesar de. A colaboração premiada compensa?. Brasília: Núcleo de Estudos e Pesquisas/CONLEG/Senado, agosto/2015 (Texto para Discussão nº 181). Disponível em: <https://www12.senado.leg.br/publicacoes/estudos-legislativos/tipos-de-estudos/textos-para-discussao/td181>. Acesso em: 28 jan. 2018. p. 27-31.

[37] Assessoria de Comunicação Estratégica do PGR. PGR defende realização de acordos de colaboração com réus presos. Disponível em: <http://www.mpf.mp.br/pgr/noticias-pgr/pgr-rebate-criticas-a-realizacao-de-acordos-de-colaboracao-com-reus-presos>. Acesso em 12 fev. 2018.

influência da prisão ou sua não utilização para realização de acordos, já que seria ínfima sua influência perante aos acordos firmados com pessoas em liberdade.

Entrementes, os que afirmam existir abusos na utilização da prisão para celebração da colaboração premiada, ressaltam que muitos dos dados divulgados, em verdade, não se coadunam com a realidade, uma vez que consideram apenas os presos atuais, e não as prisões realizadas ao longo de toda a operação. Além dessa circunstância, haveria a situação de que muitos dos colaboradores soltos acabaram por celebrar a colaboração premiada pelo medo derivado das prisões decretadas ao longo da referida operação.[38] Essa discussão acabou por alcançar a esfera política, resultando no Projeto de Lei n. 4.372/2016, cujo um dos objetivos é normatizar a impossibilidade de firmação de acordo com réu preso, acrescentando o § 3º[39] ao art. 3º da Lei n. 12.850. Consoante à justificação do proponente do projeto, não se pode reconhecer a existência de voluntariedade quando o réu ou investigado estiver preso, sendo historicamente demonstrado que a prisão acaba por fornecer tratamento degradante à pessoa.[40]

Embora alguns autores fundamentem de maneira robusta a inexistência de coação quando da prisão, valendo-se, inclusive, de estudos sobre o direito civil para identificar a concepção de coação, concluindo que o ato coativo exsurge tão somente nos casos de prisão ilegal e, nesse caso, há elementos para seu combate,[41] o mecanismo da prisão processual foge de outras análises do direito, seja de cariz civil, seja da mera análise de requisitos legais previstos na legislação processual-penal brasileira. Quando se está discutindo sobre coação, deve-se observar que a matéria é eminentemente humana, que respalda toda a ciência criminal em si. Coação sempre será coação, a única discussão que o direito penal permite conceber é se esta coação é legal ou

---

[38] CANÁRIO, Pedro. GALLI, Marcelo. Um terço dos acusados na operação "lava jato" foram presos, contabiliza MPF. In: *Conjur*. Disponível em: < https://www.conjur.com.br/2017-jan-25/terco-acusados-operacao-lava-jato-foram-presos>. Acesso em: 12 fev. 2018.

[39] "§ 3º No caso do inciso I, somente será considerada para fins de homologação judicial a colaboração premiada se o acusado ou indiciado estiver respondendo em liberdade ao processo ou investigação instaurados em seu desfavor".

[40] DAMOUS, Wadih. Projeto de Lei da Câmara dos Deputados. Altera e acrescenta dispositivo à Lei 12.850, de 2 de agosto de 2013 que "Define organização criminosa e dispõe sobre a investigação criminal, os meios de obtenção da prova, infrações penais correlatas e o procedimento criminal; altera o Decreto-Lei nº 2.848, de 7 de dezembro de 1940 (Código Penal); revoga a Lei nº 9.034, de 3 de maio de 1995; e dá outras providências". Disponível em: <http://www.camara.gov.br/proposicoesWeb/fichadetramitacao?idProposicao=2077165>. Acesso em: 12 fev. 2018.

[41] SUXBERGER, Antonio H. G.; MELLO, Gabriela S. J. V. A voluntariedade da colaboração premiada e sua relação com a prisão processual do colaborado. *Revista Brasileira de Direito Processual Penal*, Porto Alegre, vol. 3, n. 1, p. 189-224, jan./abr. 2017. Disponível em: <https://doi.org/10.22197/rbdpp.v3i1.40>. Acesso em: 12 fev. 2018.

ilegal. O próprio direito penal é assumido como *ultima ratio* do Estado, isso porque é um direito coativo, impositivo. Aquele que é levado à prisão não questiona se a norma é válida ou não, se sua sentença preenche os requisitos legais necessários ou não, o preso apenas vê a coação, sente a coação, esse é um dos fatores resultantes da imperiosidade de defesa técnica em processos penais.

Alegar que inexiste coação quando a pessoa é presa de maneira "legal" é desconhecer o próprio sentido de ser humano, é ignorar os meios protetivos do próprio direito penal, que mesmo dentro de atos legais reconhece o direito à resistência do cidadão, como o próprio direito de permanecer em silêncio ou, ainda, o de não prestar compromisso em seu interrogatório, pois é evidente que a natureza humana, seja legal o ato, seja ilegal, é proteger-se de qualquer coação, isso não difere da prisão, tampouco das ameaças que ela pode produzir. Na colaboração premiada, em razão disso, têm-se duas circunstâncias a serem evidenciadas, (i) de fato o réu preso fará o necessário para buscar sua soltura ou mitigar a coação (legal ou ilegal) que vem sofrendo, levando-o a colaborar mesmo quando não pretendia, ou mesmo inexistindo fato para colaborar, consequentemente a prisão para colaboração (ou propagação de que a prisão ocorreu para isso) gera evidente medo ou receio aos demais que estão livres e desejo de liberdade aos que estão presos. (ii) Se o argumento da validade da prisão está na condição de que aqueles que estão presos preencheram os pressupostos existentes no art. 312 do Código de Processo Penal, a colaboração premiada por si só não poderia ser causa para revogação da prisão preventiva, como vem ocorrendo, porque as circunstâncias autorizadoras da prisão refletem real perigo na soltura do agente,[42] necessitando de fato superveniente para alterar a motivação da prisão (salvo em prisões ilegais).

A prisão, especialmente nesse caso, deve ser vista dentro dos parâmetros da dignidade penal,[43] não se permitindo o desvirtuamento de

---

[42] Veja-se que para o cidadão ser cautelarmente segregado, é preciso que sua liberdade viole à ordem pública, à ordem econômica ou haja riscos para aplicação da lei penal ou, ainda, quando conveniente à instrução criminal, se houver soltura sob mera alegação de celebração de acordo, estar-se-ia ignorando os preceitos legais. Entretanto, mecanismos legais diversos são aplicados para viabilizar a soltura por força de colaboração premiada, como se pode observar da colaboração de Flávio Cassou, colaborar na operação Carne Fraca, em que após celebrar o acordo com o Ministério Público Federal foi solto, de acordo com a decisão, por ter ocorrido limite para fixação da pena em 03 anos e 09 meses, esta, em eventual condenação, seria convertida em restritivas de direito, afastando-se a necessidade da prisão provisória.

[43] Apesar de não se desconhecer que a dignidade penal está voltada para punibilidade penal, uma vez que é avaliada para se identificar se determinado comportamento é digno de punição ou não (DIAS, Jorge de Figueiredo. *Direito penal*: parte geral. Tomo I. 2ª ed. 2ª reimp. Coimbra: Editora Coimbra, 2012. p. 671-672), é preciso reconhecer que todo o direito penal, substantivo ou processual, deve ser utilizado nos diâmetros da dignidade penal, isto é, da interferência do Estado em penalizar ou não, segregar ou não, todos os atos, inclusive processuais, devem estar revestidos por esse conceito.

instrumentos agressivos, como a prisão, para alcançar objetivos que não condizem com a real eficiência em processo penal, pois essa, em verdade, deve estar embebida na concepção da hélice tríplice, constituída pela eficiência, garantias e justiça, quando se verificar a existência desses três conceitos no processo penal é que se estará diante da eficiência[44] para o direito penal. No caso da realização de acordos com pessoas presas, é perceptível que não se pode reconhecer a eficiência penal, já que não se tem como garantir a voluntariedade ao indivíduo e, mais do que isso, quando se expõe a necessidade de garantia, não é apenas garantir a voluntariedade, mas a proteção, a tranquilidade de agir do réu ou investigado em sua defesa, por esses motivos que se instituiu o ônus probatório da acusação, o *nemo tenetur se detegere*, outros direitos já referidos aqui, para que o cidadão, réu ou investigado, possa centrar-se em sua defesa, o que não ocorre numa situação claramente coativa, que pode vir a deslegitimar o próprio direito.[45] O acordo firmado com pessoa presa gera, no mínimo, instabilidade ao sistema jurídico-constitucional.

5. Conclusão

A colaboração premiada é um instituto que fora importado para o sistema jurídico brasileiro e deve permanecer no ordenamento jurídico. Sua utilidade tem demonstrado-se importante para apuração e resolução de casos penais, produzindo um efeito propulsor significativo em sua utilização e defesa, tanto por parte de leigos, quanto por técnicos, embasados em fatores sociais modificativos, como a própria ideia de estratégias antecipativas para evitar danos e prevenir riscos. Entretanto, é necessário que se identifique se a "eficiência" aplicada nesse instituto possui aplicabilidade para o próprio organismo do direito penal, material e processual.

Em nome da eficiência alegada por muitas autoridades defensoras da colaboração premiada, garantias vêm sendo relativizadas para "um bem maior", violações ao acusatório, ao se permitir que uma das autoridades firmatárias do termo de colaboração seja o delegado de polícia, já que esse desempenho refletirá diretamente na ação penal e poderá produzir efeitos colaterais ao colaborar, o qual deverá responder em processo cujo titular da ação é o Ministério Público. Também se pode observar a violação ao contraditório e à voluntariedade, uma vez que

---

[44] WEDY, Miguel Tedesco. *A eficiência e sua repercussão no direito penal e processo penal*. Porto Alegre: Elegantia Juris, 2016. p. 290-291.

[45] FERRAJOLI, Luigi. *Direito e razão*: teoria do garantismo penal. 3ª ed. rev. São Paulo: Revista dos Tribunais, 2010. p. 319.

inexiste ferramenta e, inclusive, posicionamento jurisprudencial que autorize ao citado em colaboração premiada impugnar sua validade e seus termos antes da homologação, fragilizando eventual ação penal que se embasa em prova colhida unilateralmente e com efeitos deletérios ao delatado, que vê seu nome publicizado sem ter tido a oportunidade de refutar as acusações, tampouco há critérios objetivos para que a colaboração premiada possa ser utilizada por qualquer .cidadão, tornando-a em um instituto seletivo, em que apenas alguns possuem esse direito, prejudicando o postulado da isonomia.

Também, a homologação por parte do juízo que continuará na instrução do processo criminal finda em vilipendiar sua imparcialidade objetiva, uma vez que a lei determina análise de mérito e conclusão de culpa para homologação do acordo, antes mesmo dessa estar formada, prejudicando a defesa do colaborador e, especialmente, de terceiros, os quais só poderão manifestar-se, se seguido estritamente o disposto na legislação, quando da resposta à acusação.

Por fim, compulsou-se a utilização da prisão como moeda de troca para facilitar a celebração de acordos de colaborações premiadas, evidenciando-se que a coação da prisão, por si só, já é passível de prejudicar a voluntariedade da colaboração premiada e, necessariamente, acaba por ofender a vedação ao tratamento degradante, garantia constitucionalmente tutelada.

Esses são apenas alguns dos pontos que se evidenciaram no decorrer desta pesquisa. Resoluções simplistas foram desenvolvidas para legitimar a colaboração premiada, reconhecendo-se que o instituto pode acabar por relativizar algumas garantias, deixando de avaliar o real sentido de eficiência para o direito penal, esse cujo caráter utilitário e econômico não pode ser referência para consolidação e legitimação do próprio direito penal. É preciso que a aplicação da colaboração premiada passe a primar pela aglutinação dos preceitos de garantias, justiça e eficiência, desenvolvendo um mecanismo de obtenção de prova válido e não violador de preceitos constitucionais, viabilizando, só assim, a otimização das investigações e do processo criminal.

Como reiteradamente dito, a colaboração premiada é um meio que veio para se consolidar no ordenamento jurídico brasileiro, mas é preciso que este instrumento amolde-se à Constituição Federal, devendo o Judiciário, se nada houver sido feito na esfera política, estabelecer seus limites, para que não haja o desvirtuamento do processo penal, nem que esse sofra com a imposição do *common law*, ruindo a estrutura constitucional do próprio processo.

Referências bibliográficas

ASSESSORIA de Comunicação Estratégica do PGR. PGR defende realização de acordos de colaboração com réus presos. Disponível em: <http://www.mpf.mp.br/pgr/noticias-pgr/pgr-rebate-criticas-a-realizacao-de-acordos-de-colaboracao-com-reus-presos>. Acesso em 12 fev. 2018.

BADARÓ, Gustavo Henrique. A garantia do juiz natural: predeterminação legal do órgão competente e da pessoa do julgador. In: *Direito penal e processo penal*: processo penal I. Org. Gustavo Henrique Badaró. São Paulo: Revista dos Tribunais, 2015. p. 29-54.

BAUMAN, Zygmunt. *Medo líquido*. Tradução de Carlos Alberto Medeiros. Rio de Janeiro: Zahar, 2008. p. 126-127.

BENTHAM, Jeremy. Uma introdução aos princípios da moral e da legislação. Tradução de Luiz João Baraúna. In: *Os pensadores*. 2ª ed. São Paulo: Abril cultural, 1979. p. 04-68

BERIAIN, Josetxo. El doble sentido de las consecuencias perversas de la modernidad. In: BERIAIN. *Las consecuencias perversas de la modernidad*: modernidade, contigencia y riesgo.Org. Josetxo Beriain. Trad. de Celso Sánches Capdequí. Barcelona: Anthropos, 1996. p. 07-29.

BITENCOURT, Cezar Roberto. Polícia Federal tem legitimidade para presidir delação premiada. In: *Conjur*. Disponível em: <https://www.conjur.com.br/2017-out-17/cezar-bitencourt-policia-legitimidade-presidir-delacao>. Acesso em: 10 fev. 2018.

CANÁRIO, Pedro; GALLI, Marcelo. Um terço dos acusados na operação "lava jato" foram presos, contabiliza MPF. In: *Conjur*. Disponível em: < https://www.conjur.com.br/2017-jan-25/terco-acusados-operacao-lava-jato-foram-presos>. Acesso em: 12 fev. 2018.

CANOTILHO, J. J. Gomes; BRANDÃO, Nuno. Colaboração premiada: reflexões críticas sobre os acordos fundantes da operação lava jato. In: *Revista Brasileira de Ciências Criminais*. vol. 133. Jul./2017. p. 133-171

CID, Daniel Del. A homologação dos acordos de colaboração premiada e o comprometimento da (justa) prestação jurisdicional. *Boletim IBCCrim*, n. 276, ano 23. São Paulo, nov. 2015. p. 15-18.

DAMOUS, Wadih. Projeto de Lei da Câmara dos Deputados. Altera e acrescenta dispositivo à Lei 12.850, de 2 de agosto de 2013 que "Define organização criminosa e dispõe sobre a investigação criminal, os meios de obtenção da prova, infrações penais correlatas e o procedimento criminal; altera o Decreto-Lei nº 2.848, de 7 de dezembro de 1940 (Código Penal); revoga a Lei nº 9.034, de 3 de maio de 1995; e dá outras providências". Disponível em: <http://www.camara.gov.br/proposicoesWeb/fichadetramitacao?idProposicao=2077165>. Acesso em: 12 fev. 2018.

DIAS, Jorge de Figueiredo. *Direito penal*: parte geral. Tomo I. 2ª ed. 2ª reimp. Coimbra: Editora Coimbra, 2012.

ESTELLITA, Heloísa. A delação premiada para a identificação dos demais coautores ou partícipes: algumas reflexões à luz do devido processo legal. *Boletim IBCCrim*, n. 202, ano 17. São Paulo, set. 2009. p. 03-04.

FERRAJOLI, Luigi. *Direito e razão*: teoria do garantismo penal. 3ª ed. rev. São Paulo: Editora Revista dos Tribunais, 2010.

FONSECA, Cibele Benevides da; TABAK, Benjamin Miranda; AGUIAR, Júlio Cesar de. *A colaboração premiada compensa?*. Brasília: Núcleo de Estudos e Pesquisas/CONLEG/Senado, agosto/2015 (Texto para Discussão nº 181). Disponível em: <https:///www12.senado.leg.br/publicacoes/estudos-legislativos/tipos-de-estudos/textos-para-discussao/td181>. Acesso em: 28 jan. 2018.

GOLDMAN, Diego H. Análisis económico del derecho penal y derecho penal liberal: confluencias y bifurcaciones. In: *Revista Derecho Penal y Criminología*. Vol. 38, n. 104, jan.-jun. de 2017, Bogotá, Universidad Externado de Colombia. p. 13-74. DOI: https://doi.org/10.18601/ 01210483.v38n104.02

GRAU, Eros. *Ensaio e discurso sobre a interpretação/aplicação do direito.* 4ª ed. São Paulo: Malheiros Editores, 2009.

MELO, Valber. BROETO, Filipe Maia. Homologação do acordo de delação como causa (i)legal de (pre)julgamento. In: *Conjur.* Disponível em: <https://www.conjur.com.br/2017-set-28/homologacao-delacao-causa-ilegal-prejulgamento>. Acesso em: 12 fev. 2018.

NETTO, Expedito. Projeto de Lei da Câmara dos Deputados n. 8.613/2017. Determina impedimento do juiz que homologar a colaboração premiada para processar e julgar a ação penal respectiva. Disponível em: <http://www.camara.gov.br/proposicoesWeb/fichadetramitacao?idProposicao=2152022>. Acesso em: 12 fev. 2018

PACELLI, Eugênio. *Curso de processo penal.* 21ª ed. rev., atual. e ampl. São Paulo: Atlas, 2017.

POSNER, Richard A. A review of Steven Shavell's "Foundations of Economic Analysis of Law". In: Journal of Economic Literature. Vol. 44. n. 2. Jun./2006. p. 405-414. Disponível em: <http://www-jstor-org.ez101.periodicos.capes.gov.br/stable/30032254>. Acesso em: 20 jan. 2018.

SILVA, Edimar Carmo da. *O princípio acusatório e o devido processo legal.* Porto Alegre: Nuria Fabris, 2010, p. 69-71.

SLHESSARENKO, Serys. Projeto de Lei do Senado n. 150/2006. Dispõe sobre as organizações criminosas, os meios de obtenção da prova, o procedimento criminal; altera o Decreto-Lei nº 2.848, de 7 de dezembro de 1940 – Código Penal; revoga a Lei nº 9.034, de 3 de maio de 1995; e dá outras providências. Disponível em: <http://www.camara.gov.br/proposicoesWeb/fichadetramitacao?idProposicao=463455>. Acesso em: 10 fev. 2018.

STF. *Ação Direta de Inconstitucionalidade* n. 5508. Min. Rel. Marco Aurélio.

STJ. *Terceiro citado em delação premiada não pode impugnar validade do acordo.* Disponível em: <http://www.stj.jus.br/sites/STJ/default/pt_BR/Comunica%C3%A7%C3%A3o/noticias/Not%C3%ADcias/Terceiro-citado-em-dela%C3%A7%C3%A3o-premiada-n%C3%A3o-pode-impugnar-validade-do-acordo>. Acesso em: 12 fev. 2018

SUXBERGER, Antonio H. G.; MELLO, Gabriela S. J. V. A voluntariedade da colaboração premiada e sua relação com a prisão processual do colaborador. *Revista Brasileira de Direito Processual Penal*, Porto Alegre, vol. 3, n. 1, p. 189-224, jan./abr. 2017. Disponível em: <https://doi.org/10.22197/rbdpp.v3i1.40>. Acesso em: 12 fev. 2018.

VASCONCELLOS, Vinícius Gomes de. Barganha e acordos no processo penal: crítica às tendências de expansão da justiça negociada no Brasil. In: *Boletim Informativo IBRASPP.* Ano 4. n. 6. São Paulo: Atlas, 2014. p. 06-08.

VILELA, Augusto Tarradt. A posição do interrogatório no rito da lei de drogas e sua (in)compatibilidade com o processo penal constitucional: uma crítica à jurisprudência do TJRS, TRF4, STJ e STF. In: *Revista Brasileira de Ciências Criminais.* São Paulo, ano 24, vol. 124, p. 105-141, out. 2016.

WEDY, Miguel Tedesco. A colaboração premiada entre o utilitarismo e a racionalidade de princípios. In: *Revista Direito e Liberdade.* Vol. 18. n. 03. Natal: ESMARN, 2016. p. 213-231.

——. *A eficiência e sua repercussão no direito penal e processo penal.* Porto Alegre: Elegantia Juris, 2016.

——. *Eficiência e prisões cautelares.* Porto Alegre: Livraria do Advogado, 2013. p. 18.

WILDAVSKY, Aaron. *Searching for safety*: social theory and social policy. Londres: Routledge, 2017.

— 5 —

Provas ilícitas no processo penal eleitoral: às voltas com as gravações ambientais clandestinas

GUILHERME RODRIGUES CARVALHO BARCELOS[1]

Sumário: 1. Introdução; 2. O que é isto, a gravação ambiental clandestina?; 3. Gravações ambientais clandestinas no processo penal eleitoral: como se manifestam?; 4. A ilicitude das gravações ambientais clandestinas no processo penal eleitoral; 4.1. Da afronta ao direito fundamental à privacidade; 4.2. Da afronta ao princípio do *Nemo Tenetur se Detegere* e ao princípio do contraditório: o direito de não produzir provas contra si mesmo; 4.3. Do flagrante preparado e do ilícito impossível; 5. Do pretenso *leading case* da matéria: de como o STF jamais se pronunciou sobre a (i)licitude das gravações ambientais clandestinas no âmbito penal eleitoral; 6. A repercussão geral recentemente reconhecida pelo STF; Conclusão; Referências.

1. Introdução

O propósito deste artigo reside na exposição e na discussão de um tema demasiado controverso no universo jurídico-eleitoral brasileiro, qual seja o tema das gravações ambientais clandestinas como meios de prova no processo judicial sancionatório eleitoral, considerada, sobretudo, a respectiva (i)licitude. O enfoque atribuído ao artigo manterá vistas ao processo penal eleitoral.

Com efeito, as gravações ambientais clandestinas são aquelas produzidas por um interlocutor sem o conhecimento do interlocutor diverso. E não são raras as ações penais eleitorais que carregam estes elementos como prova *mor*. Os casos são muitos. E nos quatro cantos do país. Com a disseminação dos meios eletrônicos, a tendência é que demandas desta espécie sejam uma constante cada vez maior, sobretudo em âmbito político-eleitoral.

---

[1] Mestrando em Direito pela UNISINOS/RS. Especialista (Pós-Graduado) em Direito Constitucional e em Direito Eleitoral. Graduado em Direito pela URCAMP/RS. Membro Fundador da Academia Brasileira de Direito Eleitoral e Político (ABRADEP). Membro do Grupo de Pesquisa "Observatório Eleitoral" da Escola Superior de Direito Eleitoral da UERJ (ESDEL-UERJ/RJ). Parecerista da Revista "Ballot" da Escola Superior de Direito Eleitoral da UERJ (ESDEL-UERJ/RJ). Advogado.

Confirmando a existência desta considerável controvérsia, a jurisprudência dos Tribunais Regionais Eleitorais brasileiros apresenta entendimentos conflitantes. E no âmbito do próprio Tribunal Superior Eleitoral não raramente esta questão volta à tona, cujas posições, veremos a seguir, não são nada pacificadas.

Por sua vez, a relevância do tema é concreta. E o tema, diga-se de passagem, se encontra em voga, bastando lembrar a polêmica recente envolvendo nada menos do que o atual Presidente da República, ainda que noutro contexto. A matéria, de mais a mais, chegou ao STF. E há repercussão geral já admitida acerca da matéria. O Pleno do STF, portanto, está na iminência de se manifestar acerca da licitude ou não deste tipo de "prova" no âmbito específico do processo judicial eleitoral (*penal* e cível-eleitoral). Logo, justificada a relevância do tema.

Daí, ao final e ao cabo, que o artigo pretenderá desenvolver este tema, de modo a sustentar a ilicitude das gravações ambientais clandestinas no âmbito do processo sancionatório eleitoral (*penal* e cível-eleitoral). Também será destrinchada a recente Repercussão Geral reconhecida no STF, que assim o foi a partir do voto do Min. Dias Toffoli, Relator do feito no Tribunal de teto da Justiça brasileira.

Para tanto, o artigo será dividido em cinco capítulos. No primeiro, será exposto o conceito das gravações ambientais clandestinas; no segundo, será perquirido como elas se manifestam no processo eleitoral, especialmente no âmbito do processo penal eleitoral; no terceiro, será demonstrada e fundamentada a tese da ilicitude destes meios de prova; no quarto capítulo, será desmitificada a existência de um pretenso *leading case* da matéria, o qual restaria materializado em decisão do STF lavrada em sede de Repercussão Geral; e no quinto capítulo, por fim, será abordada a questão das gravações ambientais clandestinas no âmbito do STF, com ênfase em repercussão geral recentemente reconhecida.

2. O que é isto, a gravação ambiental clandestina?[2]

Gravações ambientais são aquelas consistentes no registro de conversa entre presentes, por meio de áudio ou audiovisual, realizado por um dos interlocutores, sem o conhecimento do outro. Trata-se de gravação de conversa própria, promovida sem o conhecimento do interlocutor diverso, e de forma sub-reptícia.

Na espécie, como se verifica, não há o fator "terceiro", pois é o próprio interlocutor que registra eventual diálogo, tudo com o absolu-

---

[2] A esse respeito, ver: BARCELOS, Guilherme. *Processo Judicial Eleitoral e Provas Ilícitas*: a problemática das gravações ambientais clandestinas. 2ª ed. Curitiba: Juruá, 2016.

to desconhecimento do outro.³ Por essa razão, ou seja, pela inexistência da figura da terceira pessoa a captar o conteúdo da conversação, seja o Estado ou um particular, a gravação ambiental (clandestina) não pode ser enquadrada no conceito de interceptação ou escuta, passando, por conseguinte, à margem das regras correspondentes.

Pacelli,⁴ bem esclarecendo do que se trata, verbera que a gravação ambiental é aquela realizada no *meio ambiente*, podendo ser *clandestina*, quando desconhecida por um ou por todos os interlocutores, ou *autorizada*, quando com a ciência e concordância destes ou quando decorrente de ordem judicial.

É o que ocorrerá com relação às gravações de conversas feitas por meio de gravadores, de câmeras de vídeo, ou por qualquer outro meio, sem a ciência de algum dos interlocutores, já que, ao menos em relação a ele, haverá clandestinidade na captação da comunicação, e, assim, violação ao direito.⁵

Não há legislação específica a disciplinar a temática das gravações ambientais. Com efeito, as legislações, em geral, não preveem regramentos específicos acerca da matéria, e não é diferente no que toca ao ordenamento jurídico pátrio. Assim, o tema apresenta maiores e tortuosas dificuldades. O debate quanto à (i) licitude das gravações ambientais é palpitante, ainda mais se tratando do cenário que envolve o Direito Eleitoral brasileiro. O grande cerne da questão reside no fato de que, nas lides eleitoralistas, tais gravações têm-se mostrado como sendo produzidas sob premeditação e induzimentos, de forma sub-reptícia.

Nessa esteira, em recentes julgados, o Tribunal Superior Eleitoral vem apresentando tendência no sentido de reputar como *"ilícitas as gravações ambientais escondidas"*.⁶⁻⁷ Entretanto, demonstrando o candente

---

³ Em "On Lee v. U.S", de 1952, um dos leading cases sobre a matéria, a Corte Suprema entendeu que "the party being recorded was speaking vonluntarily and directly to the person doing the recording and thereby ran the risk that what he was saying would be repeated, or testified to in court", procedendo, assim, a uma distinção entre a captação pessoal, direta, através de microfone embutido na lapela do paletó de agente policial, e a captação levada a efeito por um "terceiro", havida esta como "the more insidious and far-reaching threat to personal and group privacy today". (AVOLIO, Luiz Francisco Torquato. *Provas ilícitas*. 5. ed. São Paulo: Revista dos Tribunais, 2012, p. 102)

⁴ OLIVEIRA, Eugênio Pacelli de. *Curso de processo penal*. 2. ed. Del Rey. Belo Horizonte. 2003. p. 320.

⁵ Ibid., p. 320.

⁶ Por exemplo: Captação ilícita de sufrágio. Prova ilícita. Gravação ambiental. Ausência de autorização judicial. Contaminação da prova derivada. Efeitos da nulidade. Inicial. Indeferimento. Recurso provido. "[...]. 4. A licitude da interceptação ou gravação ambiental depende de prévia autorização judicial. Ilicitude das provas obtidas reconhecida. 5. Inicial e peça de ingresso de litisconsorte ativo que fazem referência apenas às provas obtidas de forma ilícita. Não sendo aproveitáveis quaisquer referências aos eventos apurados de forma irregular, as peças inaugurais se tornam inábeis ao início da ação, sendo o caso de indeferimento (LC 64, art. 22, I, c). 6. Considerar como nula a prova obtida por gravação não autorizada e permitir que os agentes que a realizaram deponham sobre o seu conteúdo seria, nas palavras de José Carlos Barbosa Moreira, permitir que 'a prova ilícita, expulsa pela porta, voltaria a entrar pela janela'. 7. Preliminar de ilicitude da prova

antagonismo que paira sobre o tema, os Tribunais Regionais Eleitorais, hodiernamente, apresentam entendimentos conflitantes entre si, em considerável maioria no sentido de reconhecer a licitude das gravações ambientais, isso, vale repetir, sem maiores reflexões acerca da problemática envolta. O tema é tão controverso que, recentemente, a matéria bateu às portas do Supremo Tribunal Federal. Com efeito, nos autos do Recurso Especial Eleitoral nº 602-30 o TSE, por unanimidade, reconheceu a ilicitude das gravações ambientais clandestinas, julgando, por conseguinte, improcedente a ação proposta pelo Ministério Público Eleitoral e afastando, assim, a condenação imposta aos então Recorrentes. Não contente com a decisão, o MPE interpôs Recurso Extraordinário, sustentando, em suma, a licitude dos elementos probatórios, bem assim a existência de Repercussão Geral. A Repercussão Geral foi reconhecida e, conseguintemente, o apelo extremo teve trâmite e a matéria se encontra pendente de apreciação derradeira pelo STF. A decisão vindoura abarcará a jurisdição eleitoral como um todo, especialmente naqueles processos sancionatórios, dentre eles o processo penal.

A par disso tudo – como será demonstrado nos capítulos subsequentes –, tem-se que a questão de fundo abarca verdadeiro *status* constitucional, e com lastro no Texto Maior merece ser enfrentada, de modo a proteger direitos fundamentais que a duras penas acabaram consagrados na Carta da República – tal e qual o direito à privacidade (CF, art. 5º, inc. X), bem como resguardar pilares do Estado Democrático de Direito brasileiro, como o princípio democrático, a dignidade da pessoa humana (CF, art. 1º, inc. III), o princípio republicano, a soberania popular, a legalidade, o contraditório e o devido processo legal.

3. Gravações ambientais clandestinas no processo penal eleitoral: como se manifestam?

No âmbito do processo penal eleitoral, em geral, tais gravações ambientais clandestinas têm se mostrado como sendo produzidas de forma premedita em detrimento de opositores, seja por candidatos

---

acolhida, por maioria. Prejudicadas as demais questões. Recurso provido para julgar a representação improcedente". (Recurso Ordinário 19.0461 – Acórdão de 28.06.2012 – Rel. Min. Arnaldo Versiani Leite Soares – Rel. designado Min. Henrique Neves da Silva – Publicação: DJE – Diário de justiça eletrônico – Tomo 160 – Data 21.08.2012, p. 39-40)

[7] Ainda como exemplo: Recurso especial. Prequestionamento. "A matéria versada no recurso especial há de ter sido objeto de debate e decisão prévios na origem, ante a necessidade de prequestionamento. PRIVACIDADE – DADOS – GRAVAÇÃO AMBIENTE. A regra é a proteção à privacidade. Viabiliza-se a gravação quando, em investigação criminal ou processo penal, há a ordem judicial". (Recurso Especial Eleitoral 34.426 – Acórdão de 16.08.2012 – Rel. Min. Marco Aurélio Mendes de Farias Mello – Publicação: DJE – Diário de justiça eletrônico – Data 28.11.2012, p. 13-14)

adversários, seja por cabos eleitorais ou, até mesmo, por eleitores locais militantes ou simpatizantes de candidaturas envoltas na disputa eleitoral. Tais gravações ambientais clandestinas, em suma, têm-se mostrado como sendo produzidas de forma *premeditada, maliciosa* e *sub-reptícia*. E com o fim único e exclusivo de acusar.

O quadro fático dos casos apresenta um interlocutor que grava uma conversa sem o conhecimento da outra pessoa envolvida no diálogo, sendo um candidato ou, em parte das vezes, alguém pretensamente ligado à correspondente candidatura, oportunidade na qual supostamente são oferecidas ou prometidas, doadas ou entregues benesses em troca de votos e, em seguida, o conteúdo da conversa é fornecido a terceiros como meio de prova a ser utilizado para embasar a cassação do registro e/ou diploma do interlocutor que não tinha ciência da gravação, tudo com base, por regra, no art. 41-A da Lei 9.504/97,[8]-[9] bem assim a condenação criminal dos mesmos envolvidos, especialmente perquirida a partir de acusações – propostas pelo MPE – dando conta da prática do crime eleitoral consubstanciado na corrupção (tal e qual o artigo 299 do Código Eleitoral).[10]

É sabido, e consabido, tanto em pequenas comunas, quanto em Municípios de médio ou grande porte, que o período de campanha (local ou geral) é bastante acirrado, onde as respectivas candidaturas, com todo aparato físico e logístico, trabalham incessantemente para apresentar suas propostas de modo a convencer o eleitor de que são as mais hábeis à ocupação do(s) Cargo(s) eletivo(s) em disputa.

É nesse âmbito de disputa eleitoral, acirrado que é, marcado por ânimos acalorados e pela preponderância das paixões, que surgem as gravações ambientais em comento, onde um interlocutor, sem o conhecimento do interlocutor diverso (candidato, cabo eleitoral ou eleitor militante de campanha adversária), de forma premeditada (até porque não é nada comum o ser humano desfilar com um gravador a postos), e se utilizando da "moita", induz, instiga ou se propõe a manutenção de eventual diálogo, vindo a captar o respectivo conteúdo, basicamente

---

[8] JARDIM, Flávio Jaime de Moraes; PITA, Guilherme Regueira. *A admissibilidade da gravação feita por um dos interlocutores sem o conhecimento do outro como prova nos processos judiciais eleitorais*. Brasília: IBRADE, p. 01 (Texto brevemente modificado).

[9] Lei 9.504/97, art. 41-A: "Ressalvado o disposto no art. 26 e seus incisos, constitui captação de sufrágio, vedada por esta Lei, o candidato doar, oferecer, prometer, ou entregar, ao eleitor, com o fim de obter-lhe o voto, bem ou vantagem pessoal de qualquer natureza, inclusive emprego ou função pública, desde o registro da candidatura até o dia da eleição, inclusive, sob pena de multa de mil a cinquenta mil Ufir, e cassação do registro ou do diploma, observado o procedimento previsto no art. 22 da Lei Complementar 64, de 18.05.1990".

[10] Código Eleitoral, artigo 299: "Dar, oferecer, prometer, solicitar ou receber, para si ou para outrem, dinheiro, dádiva, ou qualquer outra vantagem, para obter ou dar voto e para conseguir ou prometer abstenção, ainda que a oferta não seja aceita".

com vistas à produção de uma prova a ser manejada futuramente em juízo por outrem, que assim o será contra adversários políticos deste.

A premeditação, assim como a clandestinidade, consubstanciada em verdadeira espreita, portanto, são marcantes; marcante é, igualmente, a produção sub-reptícia dos elementos em debate, dado o induzimento ou instigação do diálogo que, em vezes, sequer é travado diretamente junto aos candidatos, mas junto à (supostos) representantes de respectiva candidatura.[11]

Logo, como bem adverte Carvalho Neto,[12-13]

> No agigantado contexto, é crível o risco de disseminação da prática espúria de gravações clandestinas, despidas de qualquer espírito republicano e o comprometimento de candidaturas e eleições.

Assim, em resumo: a) O cenário que as envolve carrega um clima de acirradas disputas políticas, onde ânimos acalorados e paixões por vezes condenáveis são uma constante; b) Há premeditação por parte do interlocutor; c) O interlocutor se usa da clandestinidade ao escamotear-se para possibilitar a promoção desses elementos, de modo que o interlocutor diverso não tenha qualquer conhecimento ou suspeita; d) A produção se dá de forma sub-reptícia, ou seja, maliciosa, ardilosa, por meio de aleivosias, etc.; e) O interlocutor age como engodo, ou isca; f) E assim age por interesses políticos, com a finalidade de possibilitar o manejo da gravação, em juízo, por parte de terceiros que não o próprio,

---

[11] Há entendimentos firmes no sentido de considerar a controvérsia referente às gravações ambientais clandestinas, por analogia, como a figura penal do flagrante preparado, de modo a assentar, também por tal razão, a ilicitude desses elementos, ou a impossibilidade de consumação do ilícito; nesse sentido, por exemplo, se manifestou o Tribunal Regional Eleitoral de Santa Catarina, dentre outras oportunidades, nos autos do Recurso Eleitoral 467-23, de 25.02.2013: "[...]. Situação em que a prova (gravação de entrega de dinheiro supostamente em troca de votos) foi obtida por meio semelhante ao flagrante preparado. Analogia com o direito processual penal. Inexistência de ilícito -semelhança ao entendimento sumulado pelo STF. Ausência de consumação do fato típico em razão da instigação pretérita do agente. Ilícito impossível. Vício de vontade que macula a configuração do tipo. [...]". (RECURSO ELEITORAL 467-23.2012.6.24.0085 – Representação – Captação Ilícita De Sufrágio – Abuso de Poder – 85ª Zona Eleitoral – Joaçaba (Treze Tílias) – Acórdão de 25.02.2013)

[12] CARVALHO NETO, Tarcísio Vieira de. *A invalidade da gravação ambiental em matéria eleitoral*, Disponível em: <http://www.conjur.com.br/2012-ago-26/justica-eleitoral-coibir-gravacoes-ambientais-autorizacao>. Acesso em 12 jan. 2018.

[13] Lúcida é a afirmativa da Ministra do TSE. Luciana Lóssio: "Senhora Presidente, estou plenamente de acordo com o relator, Ministro Marco Aurélio. [...]. Podemos imaginar a que tipo de trocas, num processo eleitoral, esse tipo de gravação pode levar. Um correligionário ou um apoiador que passa a fazer gravações clandestinas, em jogo político, é muito perigoso. Ainda na terça-feira, no julgamento a que o Ministro Gilson Dipp fez referência de sua relatoria, na sustentação oral do Procurador-Geral da República, Roberto Monteiro Gurgel Santos, ele reconheceu que esse tipo de prova dá ensejo a verdadeiras armadilhas no processo eleitoral. Devemos rechaçar isso o quanto antes e veementemente. Por essas razões, acompanho o relator e os demais ministros". (Recurso Especial Eleitoral 34.426 – Acórdão de 16.08.2012 – Rel. Min. Marco Aurélio Mendes de Farias Mello, Publicação: DJE – Diário de justiça eletrônico – Data 28.11.2012, p. 13-14)

ou por interesses particulares, utilizando-se da gravação como "moeda de troca", de modo a satisfazer os seus interesses; g) Por fim, tais gravações, uma vez firmadas, são manejadas com o desiderato único e exclusivo de desencadear, por meio de terceiros que não o interlocutor, a persecução eleitoral, de modo a, por meios espúrios, objetivar a desconstituição da vontade popular sufragada nas urnas e objetivar a condenação criminal de adversários políticos.

4. A ilicitude das gravações ambientais clandestinas no processo penal eleitoral

4.1. *Da afronta ao direito fundamental à privacidade*

Um dos grandes desafios da sociedade moderna é a preservação do direito à privacidade. Nenhum homem pode ser considerado verdadeiramente livre, se não dispuser de garantia de inviolabilidade da esfera de privacidade que o cerca.[14] Já o direito à privacidade consubstancia-se na garantia de o indivíduo vedar qualquer tipo de intromissão nos aspectos próprios e internos da vida privada e, ainda, de obstar-lhes à divulgação indevida, incluindo-se, nessa esfera de resguardo, as relações interpessoais civis ou profissionais, atividades particulares, comunicações por quaisquer dos meios disponíveis e também, nesse mesmo desiderato, aqueles *diálogos sobre os quais há expectativa de reserva*. É crível dizer, assim sendo, que o direito à privacidade guarda esferas de abrangência distintas, desde as mais íntimas até os aspectos relacionados à vida cotidiana, manifestados nas comunicações e diálogos de qualquer espécie, inerentes às relações interpessoais.

Como visto acima, o quadro fático que paira sobre a produção e posterior manejo das gravações ambientais como meios de prova no processo penal eleitoral denota manifesto viés sub-reptício, em que um interlocutor, sem o conhecimento do interlocutor diverso, agindo de forma premeditada e por meio de engodo, capta o conteúdo de conversação para que, após, por fins diversos, seja o produto da clandestinidade utilizado em juízo por mãos de terceiras pessoas como "prova" de pretenso ilícito penal praticado por adversários políticos destas na corrida eleitoral. Noutras palavras, a gravação ambiental, na órbita específica do contencioso penal eleitoral, à luz das premissas precitadas, é firmada de maneira premeditada, camuflada e dissimulada, na qual o malicioso interlocutor, afigurando-se como isca, amoita-se de modo a

---

[14] DI FRANCO, Carlos Roberto citado pelo Ministro do STF – Celso de Mello, nos autos da Medida Cautelar na Ação Cautelar 33/PR no Recurso Extraordinário 389-808.

obter o conteúdo, a fim de que, futuramente, o produto da clandestinidade seja utilizado como instrumento de acusação.

Os defensores da gravação ambiental como meio de prova aquilatam entendimento segundo o qual não haveria que se falar em vilipêndio do direito à privacidade, nesses casos, tendo em vista que, no diálogo mantido entre interlocutores, não há – ou não haveria – garantia legal de segredo ou sigilo da conversação.[15]

Ocorre, no entanto, que a problemática não se resume à (in)existência do sigilo ou segredo da conversação, indo além, e bem além (!). O direito fundamental à privacidade não encerra, tão só, na figura do sigilo, subdividindo-se, igualmente, na figura da reserva (direito a reserva), impondo, especificamente no que aqui se discute, não obstante a ausência de sigilo das conversações, o resguardo da reserva de diálogo mantido com tal expectativa, no sentido de que, sem justa causa, não seja o conteúdo divulgado ao público, ou mais, *não seja o mesmo entregue a terceiros para que estes dele façam uso em juízo.*

A esse respeito, é a lição de Ada Grinover,[16] segundo a qual muito embora não haja violação ao segredo (primeiro momento do direito à privacidade) uma vez que o diálogo foi compartilhado entre os interlocutores, a partir da divulgação do conteúdo sem causa justa, "se estará diante de violação do direito à reserva, sendo este considerado como o segundo aspecto do mesmo direito à privacidade".

Dada à expectativa de reserva inicialmente existente no colóquio, bem como em vista da clandestinidade e malícia marcantes e, ainda, da premeditação clarividente, sem contar o manejo do gravado por pessoas interpostas (terceiras), tem-se, a partir do ato de registrar de modo sub-reptício o respectivo conteúdo e, após, divulgá-lo por meio da entrega a terceiros para a (indevida) utilização futura em contenda judicial eleitoral (como meio de acusação), violação do direito à reserva da conversa, segundo plano da tutela da *privacy* do indivíduo.

---

[15] Por exemplo: "Na gravação clandestina, ao contrário da interceptação que é praticada por terceira pessoa, um dos interlocutores realiza a gravação. Participa, portanto da conversa e assim divide a intimidade com a outra. Assim considerando, nada impede o faça sem autorização judicial. Não se pode interpretar neste caso a existência de violação de intimidade ou privacidade, já que esta é na verdade compartilhada. Uma vez externada, ou mesmo confidenciada ao conhecimento do seu interlocutor, aberto também o seu sigilo, restando ao outro (interlocutor) tão somente a confiança pela manutenção do sigilo. Não pode, por isso mesmo, ser considerada prova produzida por meio ilícito, já que o ilícito reside no fato de se invadir conversa alheia e não própria". (MENDRONI, 2002, p.94 *apud* MOTA, Luig Almeida. *O fenômeno da interceptação ambiental.* Conteúdo Jurídico, Brasília, 16 abr. 2013. Disponível em: <http://www.conteudojuridico.com.br/?artigos&ver=2.42988&seo=1>. Acesso em: 15 jan. 2018).

[16] GRINOVER, Ada Pellegrini. *Liberdades públicas e processo penal.* 2. ed. São Paulo: Revista dos Tribunais, 1982.

Ora, a partir do momento em que um indivíduo mantém um diálogo junto a outrem, assim o faz com expectativa de reserva, com a confiança natural que há quando se mantém uma conversação afastada do público em geral. Assim, essa gravação escamoteada, camuflada, não se coaduna com ares realmente constitucionais.[17]

O ato de arquitetada e clandestinamente captar o conteúdo de eventual colóquio se mostra ofensivo ao direito à privacidade, dada a expectativa razoável de reserva que paira sobre o enredo, bem como o induzimento inerente à prática, sendo, pois, a gravação ambiental clandestina, em si, prova ilícita. Se não há óbices a que o destinatário de comunicação registre o conteúdo de eventual colóquio, afinal, a ninguém é vedado registrar a sua própria conversação, considerando a clandestinidade envolta, assim como, a princípio, a inexistência de causa justa a dar guarida a tal conduta, vez que as gravações são produzidas de modo premeditado e com vistas, tão só, à persecução eleitoral, óbice há quanto à entrega do conteúdo do diálogo a terceiro para que este a utilize em juízo (como instrumento de acusação, aliás).

A tutela jurídica da intimidade *(e também da privacidade)* constitui – qualquer que seja a dimensão em que se projete – uma das expressões mais significativas em que se pluralizam os direitos da personalidade. Trata-se de princípio constitucionalmente assegurado (CF, art. 5º, X), "cuja proteção normativa busca erigir e reservar, sempre em favor do indivíduo – e contra a ação expansiva do arbítrio do Poder Público (e do particular) – uma esfera de autonomia intangível e indevassável pela atividade desenvolvida pelo aparelho de Estado"[18] ou pelo particular que, na espécie, desenvolve atividade escamoteada, maliciosa e policialesca para que, após, terceiros que não o próprio instrumentalizem em juízo a comprometida gravação como meio de acusação.

Manifestação deveras importante, a esse respeito, foi proferida pelo ex-ministro do TSE Marco Aurélio Mello nos autos RO n. 1904-61/RR, *in verbis*:

> Senhora Presidente, paga-se um preço por se viver em um Estado de Direito, e esse preço módico está ao alcance de todos: o respeito irrestrito ao arcabouço normativo. Diria, em ênfase maior: o respeito à Lei Básica da República, que precisa gozar, na visão do intérprete, de concretude. A quebra da privacidade, do sigilo, quanto à veiculação de dados, somente é possível mediante ordem judicial, e mesmo assim para efeito não do processo eleitoral em si, enquanto situado na jurisdição cível, mas de investigação criminal ou instrução penal, caso existente a ação. Deve haver ordem judicial. Na espécie, alguém, de forma escamoteada, infiltrou-se na reunião e nela logrou proceder à gravação.

---

[17] Min. MARCO AURÉLIO MELLO nos autos do Recurso Extraordinário 583.937.

[18] Excerto do voto do Ministro do STF – Min. Celso de Mello nos autos da Ação Cautelar 33. (AC 33 MC – Rel. Min. Marco Aurélio – Rel. p/ Acórdão: Min. Joaquim Barbosa – Tribunal Pleno – j. em 24.11.2010 – DJe-027 DIVULG 09.02.2011 PUBLIC 10.02.2011 EMENT VOL-02461-01 PP-00001).

Indaga-se: é possível placitar essa prova, que, na representação, foi básica, já que os depoimentos fizeram-se calcados nela, a meu ver ilícita? Acredito que não. Penso que, em Direito, o meio continua justificando o fim, e não este àquele. Não podemos atropelar, não podemos potencializar o objetivo a ser alcançado em detrimento das normas que regem o que o precede em termos de apuração. Essa prova é ilícita [...].

No enredo, importante frisar que não se afiguraria como pertinente, para fins de defender a licitude dessas gravações, a promoção de qualquer análise de cunho valorativo no que reporta ao conteúdo do gravado, algo presente em muitos provimentos jurisdicionais ainda que de forma implícita, o que é ainda mais grave, considerando o direito fundamental à fundamentação das decisões judiciais (CF, art. 93, inc. IX). Esse viés, inclinado a potencializar o conteúdo do produto da clandestinidade com eventual desiderato de atribuir-lhe "ares" de legalidade, além de tangenciar o ponto nodal do debate, não se justifica em si mesmo, pois, a partir daí, se estaria (e se está) a dar efeito à incorreta máxima segundo a qual "o fim justificaria o meio", quando, em direito, este justifica aquele. Como bem advertiu, nesse desiderato, o Ministro Marco Aurélio (RO n. 1904-61/RR), "paga-se um preço por se viver em um Estado de Direito, e esse preço módico está ao alcance de todos: o respeito irrestrito ao arcabouço normativo".

Sobre o tema, vale colacionar manifestação exarada por Marcelo Ramos Peregrino Ferreira,[19] ex-juiz eleitoral do TRE-SC, *verbis*:

> [...]. No cenário eleitoral, em meio às refregas e paixões partidárias, a normalidade e a lisura do pleito devem ser preservados, havendo para tanto um cabedal de instrumentos legais para a correção dos rumos eventualmente perdidos e também para a punição dos causadores da turbação. [...]. A especificidade do processo eleitoral, em que a mera notícia de uma gravação comprometedora pode vir a alterar o cenário da disputa, recomenda que cabe ao Ministério Público a exclusividade da produção desta prova (ou a supervisão de sua higidez) com a intermediação do Poder Judiciário. Não me parece recomendável a prevalência de um clima de espionagem eleitoral e de abuso da confiança entre as pessoas. [...].[20]

E não menos oportuna, a esse respeito, foi a manifestação de Juacy dos Santos Loura Junior, ex-juiz eleitoral do TRE-RO, segundo a qual a produção de gravações ambientais clandestinas no contencioso eleitoral "viola disposições de direito material, mais especificamente normas constitucionais, referentes à intimidade e privacidade, de modo que estas provas estão maculadas [...] de ilicitude".[21]

---

[19] Indicamos a leitura da obra de Peregrino, a saber: FERREIRA, Marcelo Ramos Peregrino. *O Controle de Convencionalidade da Lei da Ficha Limpa*: Direitos Políticos e Inelegibilidade. Rio de Janeiro: Lumen Juris, 2015.

[20] RECURSO ELEITORAL (RE) N. 384-82.2012.6.24.0060 – REPRESENTAÇÃO – 60ª ZONA ELEITORAL – GUARAMIRIM – Relator: Juiz Marcelo Ramos Peregrino Ferreira.

[21] RECURSO ELEITORAL nº 28364, Acórdão nº 855/2016 de 19/07/2016, Relator(a) JUACY DOS SANTOS LOURA JÚNIOR, Publicação: DJE/TRE-RO – Diário Eletrônico da Justiça Eleitoral, Tomo 141, Data 29/07/2016, p. 2/3.

O vilipêndio à privacidade do indivíduo, direito fundamental positivado na Carta Maior da República, manifestação direta dos direitos da personalidade, se faz presente com clareza solar, dado o desrespeito da reserva envolta ao colóquio. O direito à privacidade é um só, composto por dois elementos, quais sejam, o sigilo e a reserva, sendo que, na espécie, o ataque a este é claro, assim como clara, por consequência, é a afronta ao direito fundamental em análise. Fatal concluir, portanto, que tal elemento de prova resta eivado, por completo, do vício (constitucional) da ilicitude. A prova é ilícita, pois.

4.2. Da afronta ao princípio do "Nemo Tenetur se Detegere" e ao princípio do contraditório: o direito de não produzir provas contra si mesmo

Em se tratando de provas, deve-se ter estrita observância, além do contraditório, ao direito de defesa, seja ela técnica, seja pessoal. Para Aury Lopes Jr.:[22]

> A defesa técnica obriga (e garante) a presença de defensor em todos os atos do processo, principalmente em matéria probatória. Não apenas a comunicação dos atos e oportunidades para que os exerça, senão a garantia da defesa também impõe a presença efetiva do defensor nos atos que integram a instrução [...]. Já a defesa pessoal é a possibilidade de o sujeito passivo resistir pessoalmente à pretensão acusatória, seja através de atuações positivas ou negativas.

Dessa forma, a consagrada máxima do *"Nemo Tenetur se Detegere"* consiste no direito que todo acusado carrega (não só na esfera criminal, portanto) no sentido de não fazer prova contra si mesmo, podendo recusar-se a praticar qualquer ato probatório que venha a se mostrar como prejudicial à sua defesa. Trata-se, pois, de uma garantia secular consectário direto da ampla defesa (CF, art. 5º, inc. LV), consistente na vedação da autoincriminação. Daí advém, por oportuno, a tese de que (também) seriam ilícitas as gravações ambientais clandestinas justamente em razão do modo como são produzidas, ou seja, *às escuras e sem ordem judicial hábil a tanto*.

A questão aqui é: se o interlocutor tivesse o conhecimento de que o conteúdo de eventual diálogo travado entre ele e outra(s) pessoa(s) estaria a ser registrado, prosseguiria ele com o colóquio?

Nesse cenário, a doutrina de Avolio[23] é muito pertinente ao afirmar que o que visualizamos (com relação a este meio de prova), por conseguinte, não terá sido somente a ilegitimidade moral, mas, bem

---

[22] LOPES JR., Aury. *Direito Processual Penal*. 10. ed. Porto Alegre: Saraiva, 2013, p. 558-560.

[23] AVOLIO, Luiz Francisco Torquato. *Gravações clandestinas e ambientais no processo civil*: As provas imorais. *RT-818*. a. 92, p. 47-64, dez. 2003.

mais que esta, a evidente inconstitucionalidade. A toda certeza vê-se não haver lugar para a formação de provas pré-constituídas (porque causais não o são) à revelia daquele contra quem *ad futurum* se pretende produzi-las. A isso admitirmos, estaríamos violando direitos constitucionais e princípios probatórios, dentre os últimos o milenar princípio *Nemo tenetur edere contra se* (ninguém pode ser compelido a produzir prova contra si próprio).[24]

Assim, também o princípio da audiência bilateral – *e do contraditório* – estaria a ser violado, uma vez que se concretiza no cabimento da prova somente havendo a possibilidade de contraprova, não podendo nenhuma prova ter sido produzida pela parte na ausência ou no desconhecimento da outra.[25-26]

Admitir como lícitos tais elementos, dessa forma, é extirpar do plano prático a incidência dos postulados constitucionais da ampla defesa, do contraditório e, ainda, do devido processo legal, vulnerando-se o privilégio da vedação da autoincriminação, porquanto, a partir da conduta de um cidadão que age como engodo ou isca, de forma sub-reptícia, e por meio de aleivosias, portanto, estar-se-ia a dar guarida a verdadeiro interrogatório enganoso, aproveitando-se o induzido erro para a obtenção de confissões.

4.3. Do flagrante preparado e do ilícito impossível

Para Jardim e Pita[27] a gravação ambiental feita por um dos interlocutores sem o conhecimento do outro é meio de prova altamente controvertido em razão de relativizar o direito à privacidade do interlocutor que não tinha ciência do registro da conversação.

De fato, não parece razoável imaginar que as pessoas, em todos os diálogos particulares que mantêm, devam estar precavidas para a hipótese de que o seu interlocutor possa estar gravando a conversa. A vida privada se tornaria um estado permanente de tensão.[28]

---

[24] AVOLIO, Luiz Francisco Torquato. *Gravações clandestinas e ambientais no processo civil*: As provas imorais. *RT-818*. a. 92, p. 47-64, dez. 2003.

[25] Ibid.

[26] "[...]. O privilégio contra a autoincriminação – nemo tenetur se detegere –, erigido em garantia fundamental pela Constituição – além da inconstitucionalidade superveniente da parte final do art. 186 C.Pr.Pen. – Importou compelir o inquiridor, na polícia ou em juízo, ao dever de advertir o interrogado do seu direito ao silêncio: a falta da advertência – e da sua documentação formal – faz ilícita a prova que, contra si mesmo, forneça o indiciado ou acusado no interrogatório formal e, com mais razão, em "conversa informal" gravada, clandestinamente ou não. [...]". (STF, HC 75.338-RJ – Rel. Min. Nelson Jobim – pub. in DJ de 25.09.1998).

[27] JARDIM, Flávio Jaime de Moraes; PITA, Guilherme Regueira. *A admissibilidade da gravação feita por um dos interlocutores sem o conhecimento do outro como prova nos processos judiciais eleitorais*. Brasília: IBRADE, p. 15.

[28] Ibid.

Como asseverou o Min. Henrique Neves da Silva,[29] se o Ministério Público e a Polícia Federal não podem agir de forma espontânea, e se dirigirem a ambientes, a fim de realizar gravações sem determinação judicial, o particular também não poderia fazê-lo. Trata-se de uma conduta artificiosa, marcada por premeditação, obtida por meio de induzimentos e, vale repetir, *com o fim único e premeditado de produção de provas eleitorais acusatórias*.

O flagrante preparado, por sua vez, constitui-se em modalidade de ilícito impossível, pois, embora o meio empregado e o objeto material sejam aparentemente idôneos (do que discordamos, em parte, em se tratando de gravação ambiental escondida), o conjunto circunstancial previamente preparado elimina totalmente a possibilidade de produção do resultado, de forma que, ao ser provocado por terceiro, ainda que sutilmente, o autor não age de forma livre e espontânea, estando sua vontade viciada pela instigação alheia, o que torna sua conduta atípica.

Essa matéria se encontra sumulada pelo próprio Supremo Tribunal Federal, valendo trazer o teor da Súmula 145, no sentido de que *"Não há crime quando a preparação do flagrante pela polícia torna impossível a sua consumação"*.

No mesmo tom, há precedentes do Tribunal Superior Eleitoral chancelando, por analogia, a incidência da definição de flagrante preparado importada do âmbito penal ordinário à seara penal eleitoral, assim como do enunciado sumular acima citado, no sentido de inexistir ilícito penal eleitoral em situações como as que aqui se discute.[30]-[31]

---

[29] Agravo Regimental em Recurso Especial Eleitoral 54.178, Acórdão de 26.06.2012, Rel. Min. Marco Aurélio Mendes de Farias Mello, Publicação: DJE – Diário de justiça eletrônico, Tomo 230, Data 30.11.2012, Página 6.

[30] Recursos ordinários. Deputado federal e deputada estadual. Representação por suposta ofensa ao art. 41-A da Lei 9.504/97. Cassação de mandatos. Situação em que a prova (auto de constatação) foi obtida por meio semelhante ao "flagrante preparado". Analogia com o Direito Processual Penal. Ausência de prova material ou oral sobre os fatos utilizados para condenação. Mérito. Deficiência na instrução do feito. Ausência de provas da compra de votos. *"A captação ilícita de sufrágio não pode se apoiar em mera presunção, antes, é necessário demonstração irrefutável de que o candidato beneficiário participou ou anuiu com a entrega ou promessa de dádiva em troca de votos"*. (AgR-AI 6.734 – Rel. Min. Caputo Bastos – DJ 01.08.2006) Precedentes. Recursos providos (Recurso Ordinário 1.533 – Acórdão de 14.12.2010 – Relª. Minª. Carmen Lúcia Antunes Rocha – Publicação: DJE-Diário da Justiça Eletrônico – Tomo 039 – Data 24.02.2011, p. 79)

[31] Agravo regimental. Recurso contra diplomação. Imprestabilidade da prova. Gravação clandestina. Participação ativa de policial. Captação de sufrágio. Necessidade de provas robustas para condenação. Agravo regimental desprovido. "I – É imprestável a gravação clandestina realizada por policiais que saem da posição de observadores e induzem os investigados a responderem perguntas maliciosamente elaboradas. II – Para a caracterização da captação ilícita de sufrágio é indispensável, em razão da gravidade das penalidades aplicadas, a presença de provas contundentes dos atos praticados. III – É dever do agravante atacar especificamente os fundamentos da decisão agravada. IV – Agravo regimental desprovido". (Agravo Regimental em Recurso Contra Expedição de Diploma 747 – Acórdão de 13.04.2010 – Rel. Min. Enrique Ricardo Lewandowski – Publicação: DJE – Diário da Justiça Eletrônico – Data 11.05.2010, p. 28-29)

No âmbito penal, a conduta de alguém que induz outrem à prática de eventual ilícito tem sido considerada como crime impossível, nos termos do art. 17 do Código Penal.[32] Franco[33] leciona, a esse respeito, que há crime impossível por obra do agente provocador quando um interlocutor induz outrem à prática de infração penal com o fito de vê-lo punido. Segundo o autor,[34] citando Hungria e Bruno:[35]

> Tem-se entendido, tanto do ponto de vista doutrinário, como do prisma jurisprudencial, que se cuida, na espécie de crime impossível porque, embora "a idoneidade não exista no meio ou no objeto, exista no conjunto das circunstâncias, adrede preparadas, que eliminam a possibilidade de constituir-se o crime": Há apenas um simulacro de ação que concretizaria o tipo. Somente na aparência é que ocorre um crime exteriormente perfeito. Na realidade, o seu autor é apenas o protagonista inconsciente de uma comédia.

Transpondo esse entendimento para o direito criminal eleitoral, é de se indagar: numa captação ambiental de diálogo, em que o candidato é provocado a oferecer benesses pelo interlocutor que grava a conversa, como se pode afirmar que há corrupção eleitoral (o viés penal da captação ilícita de sufrágio – compra de votos), visto que a suposta vítima jamais intencionou receber qualquer benefício do candidato em troca do seu voto, mas apenas pretendia incriminá-lo, de forma a retirá-lo do pleito eleitoral?[36] Ora, o bem jurídico tutelado pela norma de regência não é a liberdade de voto do eleitor (!)? Nessa esteira, *como dizer da violação desse direito genuinamente democrático (direito de votar), considerando a marcante premeditação do próprio eleitor?*

Em viés similar, importa trazer precedente do Tribunal Regional Eleitoral de Santa Catarina, datado de 25 de fevereiro de 2013, que, apreciando a matéria, assim decidiu:

> Eleições 2012. Recurso. Ação de investigação judicial eleitoral. Alegada captação ilícita de sufrágio. Suposta prática do art. 41-a da lei n. 9.504/1997. Abuso do poder econômico. [...]. Situação em que a prova (gravação de entrega de dinheiro supostamente em troca de votos) foi obtida por meio semelhante ao flagrante preparado. Analogia com o direito processual penal. Inexistência de ilícito. Semelhança ao entendimento sumulado pelo STF. Ausência de consumação do fato típico em razão da instigação pretérita do agente. Ilícito impossível. Vício de vontade que macula a configuração do tipo. [...]. Precedentes do TSE e do TRESC. (Recurso Contra Decisões de Juízes Eleitorais 46723

---

[32] CP, art. 17: "Não se pune a tentativa, quando, por ineficácia absoluta do meio ou por absoluta impropriedade do objeto, é impossível consumar-se o crime".

[33] FRANCO, Alberto Silva. *Código Penal e sua Interpretação*. 8. ed. São Paulo: RT, p. 156 apud JARDIM, Flávio Jaime de Moraes; PITA, Guilherme Regueira. *A admissibilidade da gravação feita por um dos interlocutores sem o conhecimento do outro como prova nos processos judiciais eleitorais*. Brasília: IBRADE, p. 15.

[34] Id.

[35] Id.

[36] Ibid., p. 15-16.

– Acórdão 28037 de 25.02.2013 – Rel. Luiz Antônio Zanini Fornerolli – Publicação: DJE – Diário de JE – Tomo 37 – Data 01.03.2013, p. 6)

Conforme as bem lançadas palavras de Jardim e Pita[37] deve-se notar que a privacidade está sempre relacionada com a confiança e a boa-fé nas relações humanas e sociais. Assim, a gravação ambiental, feita em ambiente de má-fé, em que um agente arquiteta situação de induzimento à prática de um ilícito com o fim de ver o autor induzido punido pelo fato premeditado, não pode ser tolerada num Estado que consagra os direitos fundamentais em proteção à intimidade e à privacidade.

Nunca é demasiado lembrar, pois bem, que para que um processo seja eficiente e justo, tal e qual assevera o Prof. Miguel Tedesco Wedy, "[...]ele não poderá prescindir de garantias".[38] E quando falamos de garantias, conforme a doutrina de Wedy, referimo-nos às garantias da "[...] presunção de inocência, da ampla defesa, do contraditório, do devido processo legal, da intimidade e da privacidade e do sigilo profissional, do direito ao silêncio, da oralidade, da publicidade".[39] Tais garantias "não devem ser desprezadas sob pretexto de alcançar a verdade a justiça a qualquer preço".[40]

Assim sendo, à luz desta escamoteada prática, trata-se, na espécie, de verdadeiro flagrante premeditadamente arquitetado, realidade que induz a total impropriedade desses "meios de prova" a condenar quem quer que seja, considerando a existência da figura do ilícito impossível. Para tanto, enfim, basta atentar para o próprio conjunto fático envolto, marcado por ânimos exaltados que ensejam a feitura de condutas condenáveis, cercadas por aleivosias e levadas a cabo em locais reservados ou em esfera reservada.

5. Do pretenso *leading case* da matéria: de como o STF jamais se pronunciou sobre a (i)licitude das gravações ambientais clandestinas no âmbito penal eleitoral

Argumento recorrente a chancelar a licitude destes registros escondidos é dizer-se da existência de uma repercussão geral decidida pelo

---

[37] JARDIM, Flávio Jaime de Moraes; PITA, Guilherme Regueira. *A admissibilidade da gravação feita por um dos interlocutores sem o conhecimento do outro como prova nos processos judiciais eleitorais*. Brasília: IBRADE, p. 19.
[38] WEDY, Miguel Tedesco. *A Constituição, eficiência e garantias nas dez propostas do MPF contra a corrupção*. In STRECK, Lenio Luiz; ROCHA, Leonel Severo; ENGLEMAN, Wilson. Constituição, Sistemas Sociais e Hermenêutica. Anuário do Programa de Pós Graduação em Direito da Unisinos – Mestrado e Doutorado, n. 12. Porto Alegre, 2016, p. 169-180.
[39] Ibid.
[40] Ibid.

STF, ocasião na qual teria sido chancelada justamente a validade dos mesmos elementos probatórios objetos deste texto. O caso em questão seria o Recurso Extraordinário 583.937/RJ, "precedente" tido como *leading case* da temática (inclusive por vários Regionais Eleitorais), ocasião na qual o STF teria consignado a mencionada licitude probatória das gravações ambientais clandestinas, cuja ementa restou assim posta:

> Ação Penal. Prova. Gravação ambiental. Realização por um dos interlocutores sem conhecimento do outro. Validade. Jurisprudência reafirmada. Repercussão geral reconhecida. Recurso extraordinário provido. Aplicação do art. 543-B, § 3º, do CPC. É lícita a prova consistente em gravação ambiental realizada por um dos interlocutores sem conhecimento do outro. (RE 583937 QO-RG – Rel. Min. Cezar Peluso – j. em 19.11.2009 – Repercussão GERAL – Mérito DJe-237 Divulg 17.12.2009 Public 18.12.2009 Ementa Vol-02387-10 PP-01741 RTJ VOL-00220- PP-00589 RJSP v. 58, n. 393, 2010, p. 181-194).

Assim, num juízo meramente superficial, considerando o teor da ementa do respectivo julgado, assim como o fato de o decisório ter sido levado a cabo em sede de Repercussão Geral, poder-se-ia concluir que o entendimento em questão viria a representar um pronunciamento indiscriminado (geral), um padrão decisório a ser seguido em todos os casos nos quais estiver verificado o manejo de gravações ambientais – clandestinas – como meios de prova, não importando as *nuances* fáticas envoltas, tampouco a seara jurídica.

Contudo, partindo-se do pressuposto de que *precedentes possuem "DNA"*, pode-se afirmar com segurança que a questão caminha em sentido oposto, o que se verifica notadamente pelo quadro fático correspondente ao provimento judicial. Noutras palavras, não se pode transformar as decisões judiciais em meros repositórios de ementas, tampouco abstrair-se, pois bem, a facticidade dos casos tidos como "precedentes vinculantes", mesmo, e talvez sobretudo, quando lavrados em sede de Repercussão Geral.[41]

Ocorre que a gravação ambiental clandestina envolta ao *leading case* emanado da Suprema Corte pátria, além de ter sido acostada em feito de natureza criminal, foi produzida em local público (sala de audiências) e, tão só, como meio de defesa e negativa, de modo a demonstrar, assim, a alegada inocência do acusado. E essa realidade, por sua vez, fica clara quando analisamos o conteúdo do referido decisório, de onde despontou que essas gravações seriam lícitas e, por óbvio, no processo, admissíveis, *sobretudo quando realizadas com fins de defesa.*[42]

---

[41] A esse respeito, ver a obra de Lenio Streck: STRECK, Lenio Luiz. Hermenêutica jurídica e(m) Crise. 11ª edição. Livraria do Advogado. Porto Alegre, 2014; STRECK, Lenio Luiz. *Verdade e consenso*: constituição, hermenêutica e teorias discursivas. 4. ed. Saraiva. São Paulo, 2011.

[42] "[...]. Mas o caso apresenta ainda circunstâncias muito para advertir. É que o ora recorrido, na condição de investigado em inquérito policial, juntou aos autos gravações clandestinas de conversas nas quais figurou como interlocutor, para efeito de fazer prova de sua alegada inocência quanto

Assim, indaga-se: o precedente do STF, à luz dos próprios elementos fáticos inerentes, poderia ser tido como um paradigma a ser aplicado, por mera subsunção, e de forma irrestrita, a todos os casos nos quais vislumbrado em juízo o manejo de gravações ambientais clandestinas como meios probatórios? A resposta é negativa.

Não se ignora o entendimento firmado pelo Supremo Tribunal Federal, no sentido da licitude da prova consistente em gravação ambiental realizada por um dos interlocutores sem o conhecimento do outro, sobretudo quando usada para defesa própria. Ocorre que tal pronunciamento sobreveio em feito de natureza criminal, cujo arcabouço fático-probatório indicava que, a uma, tal gravação havia sido feita em local público, sem reservas e, num segundo momento, para fins de DEFESA PESSOAL do próprio interlocutor. Foi nesse sentido que, ainda que em sede de Repercussão Geral, o órgão de cúpula do Poder Judiciário nacional aquilatou a licitude desses registros escondidos, de modo a, por intermédio do posicionamento, potencializar o direito de defesa do acusado em todas as suas possibilidades.

Não há, por isso, similitude alguma com a órbita que cerca a produção dos registros ambientais clandestinos no âmbito pontual do contencioso eleitoral, ao passo que o *leading case* da problemática não se subsume aos feitos de natureza cível e criminal eleitoral, justamente em razão da forma como tais gravações são produzidas, ou seja, sob premeditação, aleivosias e por intermédio de engodo para, após, sustentar-se a propositura de ações judiciais por meio de pessoas interpostas, terceiros que não o próprio interlocutor, em desfavor de adversários político-partidários dos beneficiados com o clandestino registro.[43]

---

ao suposto delito investigado que lhe imputaria. Tais elementos materiais não podiam, sob pretexto de ilicitude, ser desconsiderados nas investigações, pela razão breve, mas decisiva, de que seu uso, no inquérito ou no processo, constitui no exercício de ônus que corresponde a típico poder jurídico inerente as garantias constitucionais do contraditório e da ampla defesa, elementares do justo processo da lei (art. 5º, LIV e LV, da CF). [...]". (RE 583937 QO-RG – Rel. Min. Cezar Peluso – j. em 19.11.2009 – Repercussão Geral – Mérito DJe-237 DIVULG 17.12.2009 PUBLIC 18.12.2009 EMENT VOL-02387-10 PP-01741 RTJ VOL-00220– PP-00589 RJSP v. 58, n. 393, 2010, p. 181-194, p.11).

[43] "[...]. No tocante à gravação ambiental realizada por um dos interlocutores, a jurisprudência do Supremo Tribunal Federal é, realmente, dominante no sentido de considerá-la válida como meio probatório, desde que não haja causa legal de sigilo nem reserva da conversação, sobretudo quando usada para defesa própria. Porém, tal entendimento se refere exclusivamente aos processos de natureza penal, no qual se potencializa o direito de defesa do acusado em todas as suas possibilidades. [...]. Na espécie, contudo, a gravação clandestina foi realizada para comprovação de suposta prática de captação ilícita de sufrágio em feito de natureza eleitoral, não se podendo, portanto, aplicar esse entendimento. A licitude da prova em tela, a meu ver, deve ser analisada sob a ótica das nuances que envolvem o processo eleitoral, no qual as disputas acirradas frequentemente dão ensejo a condutas eticamente reprováveis. [...]. Do exposto, nego seguimento ao recurso especial, com base no art. 36, § 6º, do Regimento Interno do Tribunal Superior Eleitoral. Publique-se. Brasília, 04.04.2014. Ministra Luciana Lóssio, Relatora". (Recurso Especial Eleitoral 29197.2012.616.0107. Bela Vista da Caroba-Pr. Recorrente: Ministério Público Eleitoral: Recorridos: José Carlos Batista e Outros. Relª. Minª. Luciana Lóssio. DJE TSE 08.04.2014, p. 111-113)

O próprio Tribunal Superior Eleitoral, em recentes decisões – não transpassadas por outras (*overruling*) – (REspe 60.230 e 261.470),[44] vem reconhecendo o que aqui se defende. A diferenciação (*distinguishing*) entre o precedente originário do STF e a realidade que paira sobre as contendas judiciais eleitorais, quando da produção dos antiéticos e antijurídicos registros clandestinos, é flagrante. O *leading case* da problemática definitivamente não se subsume (*sic*) a hipótese de produção e manejo das gravações ambientais clandestinas para finalidades eleitorais (seja na esfera cível, *seja na esfera penal eleitoral*). Logo, os registros escamoteados, no âmbito específico do contencioso penal eleitoral, manifestam-se como provas ilícitas e, diante disso, inadmissíveis.

6. A repercussão geral recentemente reconhecida pelo STF

O STF nunca se manifestou sobre esta matéria, especificamente quanto à produção das gravações ambientais clandestinas no contencioso eleitoral *lato sensu*. A Repercussão Geral no RE n° 583937, Relator Min. Cezar Peluso, definitivamente não se aplica aqui (RE 583937 QO-RG – Rel. Min. Cezar Peluso – j. em 19.11.2009).

É nesse desiderato, no final das contas, que o STF, no final de 2017, reconheceu Repercussão Geral em um Recurso Extraordinário que discute justamente esta matéria, ou seja, a (i)licitude das gravações ambientais clandestinas no processo judicial eleitoral – como meios de prova acusatórios e sub-reptícios. A repercussão geral foi reconhecida por dez dos onze ministros componentes da Corte (a Presidente não se manifestou). Trata-se, pois, do Tema 979. E o Relator é o Ministro Dias Toffoli. Eis a ementa da decisão do Ministro Toffoli, no sentido de reconhecer a repercussão geral:

> Direito Constitucional. Direito Eleitoral. Ação de Impugnação de Mandato Eletivo – AIME. Prova. Gravação ambiental. Realização por um dos interlocutores sem conhecimento do outro. Jurisprudência do Tribunal Superior Eleitoral no sentido da ilicitude dessa prova, sob o fundamento de que há a necessidade de proteção da privacidade e da honra. Gravação ambiental que somente seria legítima se utilizada em defesa do candidato, nunca para o acusar da prática de um ilícito eleitoral. Suportes jurídicos e fáticos diversos que

---

[44] Recurso Especial. Eleições 2012. AIJE. Captação ilícita de sufrágio. Oferecimento de dinheiro em troca de votos. Gravação ambiental. Prova ilícita. Contaminação. Demais provas. Provimento. "1. A teor da jurisprudência desta Corte Superior, a gravação ambiental somente é viável mediante autorização judicial e quando utilizada como prova em investigação criminal ou processo penal, sendo a proteção à privacidade direito fundamental estabelecido na Constituição Federal a regra. 2. Provas derivadas de gravação ambiental ilícita não se prestam para fundamentar condenação por captação ilícita de sufrágio, porquanto ilícitas por derivação. 3. Recurso especial provido". (Recurso Especial Eleitoral 60230 – Acórdão de 17.12.2013 – Relª. Minª. Luciana Christina Guimarães Lóssio – Publicação: DJE – Diário de justiça eletrônico – Tomo 33, Data 17.02.2014, p. 24).

afastariam a aplicação da tese de repercussão geral fixada, para as ações penais, no RE nº 583.937. A temática controvertida é apta a replicar-se em diversos processos, atingindo candidatos em todas as fases das eleições e até mesmo aqueles já eleitos. Implicações para a normalidade institucional, política e administrativa de todas as unidades da Federação. Repercussão geral reconhecida.

Na decisão, após demonstrar a existência de todos os requisitos hábeis ao reconhecimento da referida Repercussão Geral (matéria constitucional e repercussão geral propriamente dita), o Min. Toffoli destrinchou o pretenso *leading case* da temática, demonstrando, ao final e ao cabo, que aquilo que fora decidido no RE 583.937 não se aplica à seara eleitoral, na qual tais gravações são formuladas com o fim único e exclusivo (além de premeditado) de acusar, senão vejamos:

> Nesse ponto, destaco que, embora o STF, no julgamento da Questão de Ordem no Recurso Extraordinário nº 583.937/RJ, tenha assentado a validade da prova obtida por meio de gravação ambiental realizada por um dos interlocutores, a seara eleitoral guarda peculiaridades as quais, inexoravelmente, conduzem à necessidade de uma reflexão mais detida sobre a aplicabilidade daquela posição a este ramo específico do direito.

Com razão, Sua Excelência. A decisão é acertada – vide capítulo nº 5. Uma vez reconhecida, então, a precitada Repercussão Geral, o STF irá finalmente se manifestar sobre a (i)licitude das gravações ambientais clandestinas no contencioso penal eleitoral.

Conclusão

O propósito deste artigo residiu na exposição e na discussão de um tema demasiado controverso no universo jurídico-penal eleitoral brasileiro, qual seja o tema das gravações ambientais clandestinas como meios de prova, considerada, sobretudo, a respectiva (i)licitude.

As gravações ambientais clandestinas são aquelas produzidas por um interlocutor sem o conhecimento do interlocutor diverso. Não são raras as demandas eleitorais *lato sensu* que carregam estes elementos como prova *mor*. Os casos são muitos. E nos quatro cantos do país. Com a disseminação dos meios eletrônicos a tendência é que demandas desta espécie sejam uma constante cada vez maior, sobretudo em âmbito político-eleitoral.

No âmbito do processo penal eleitoral, as gravações ambientais são produzidas de forma *premeditada, maliciosa* e *sub-reptícia*, e com o fim único e exclusivo de acusar.

Dirimidas estas questões acerca do conceito das gravações ambientais clandestinas, bem assim acerca do quadro fático inerente à respectiva apresentação nas demandas eleitorais país afora, o artigo passou a questionar a licitude destes elementos de prova no mesmo âmbito do contencioso penal eleitoral.

A tese exposta pelo texto, assim sendo, foi no sentido da ilicitude das gravações ambientais clandestinas. As razões, por sua vez, são três, especialmente: afronta ao direito fundamental à privacidade; afronta ao direito fundamental de o indivíduo não produzir provas contra si mesmo; e a existência de flagrante preparado.

Não obstante a ilicitude probatória que recai sobre as gravações escamoteadas, também foram contrapostos argumentos manejados de modo a dar lastro aos produtos da clandestinidade, tais como a preponderância de um pretenso *leading case* do Supremo Tribunal Federal. Quanto ao suposto caso paradigmático advindo da Suprema Corte, qual seja a Repercussão Geral no Recurso Extraordinário 583.937/STF, o que visamos aprofundar residiu na diferenciação entre o precedente originário do STF e a realidade que paira sobre as contendas judiciais eleitorais quando da produção dos antiéticos e antijurídicos registros clandestinos. Isso, por seu turno, resultou flagrante. O pretenso *leading case* da problemática, definitivamente, não se subsume a hipótese de produção e manejo das gravações ambientais clandestinas para fins eleitorais. A (i) licitude da prova em tela, a nosso ver, deve ser analisada sob a ótica das nuances que envolvem o processo eleitoral, no qual as disputas acirradas dão ensejo a condutas reprováveis.

Por fim, partindo-se do pressuposto de que o STF nunca se manifestou sobre esta matéria, *especificamente quanto à produção das gravações ambientais clandestinas no contencioso eleitoral lato sensu*, demonstrou-se que o próprio STF, no final de 2017, reconheceu Repercussão Geral em um Recurso Extraordinário que discute justamente esta matéria, ou seja, a (i)licitude das gravações ambientais clandestinas no processo judicial eleitoral – como meios de prova acusatórios e sub-reptícios. A repercussão geral foi reconhecida por dez dos onze ministros componentes da Corte (a Presidente não se manifestou).

Na decisão, após demonstrar a existência de todos os requisitos hábeis ao reconhecimento da referida Repercussão Geral (matéria constitucional e repercussão geral propriamente dita), o Min. Toffoli destrinchou o pretenso *leading case* da temática, demonstrando, ao final e ao cabo, que aquilo que fora decidido no RE 583.937 não se aplica à seara eleitoral *lato sensu* (cível e criminal eleitoral), na qual tais gravações são formuladas com o fim único e exclusivo (além de premeditado) de acusar. Uma vez reconhecida, então, a precitada Repercussão Geral, o STF irá finalmente se manifestar sobre a (i)licitude das gravações ambientais clandestinas no contencioso eleitoral.

Dessa forma, por tudo que buscamos evidenciar, e que aqui salientamos em resumo, os registros escamoteados, *no âmbito específico do contencioso eleitoral*, manifestam-se como provas ilícitas e inadmissíveis, ao que, por oportuno, devem ser rigorosa e urgentemente rechaçados das lides penais submetidas ao Poder Judiciário Eleitoral brasileiro.

Referências

AVOLIO, Luiz Francisco Torquato. Gravações clandestinas e ambientais no processo civil: As provas imorais. *RT-818*. a. 92, p. 47-64, dez. 2003.

——. *Provas ilícitas*. 5. ed. São Paulo: Revista dos Tribunais, 2012.

BARCELOS, Guilherme. *Processo Judicial Eleitoral e Provas Ilícitas*: a problemática das gravações ambientais clandestinas. 2ª ed. Curitiba: Juruá, 2016.

FERREIRA, Marcelo Ramos Peregrino. *O Controle de Convencionalidade da Lei da Ficha Limpa*: Direitos Políticos e Inelegibilidade. Rio de Janeiro: Lúmen Juris, 2015.

GRINOVER, Ada Pellegrini. *Liberdades públicas e processo penal*. 2. ed. São Paulo: Revista dos Tribunais, 1982.

JARDIM, Flávio Jaime de Moraes; PITA, Guilherme Regueira. *A admissibilidade da gravação feita por um dos interlocutores sem o conhecimento do outro como prova nos processos judiciais eleitorais*. Brasília: IBRADE.

LOPES JR., Aury. *Direito Processual Penal*. 10. ed. Porto Alegre: Saraiva, 2013.

MOTA, Luig Almeida. *O fenômeno da interceptação ambiental*. Conteúdo Jurídico, Brasília, 16 abr. 2013. Disponível em: <http://www.conteudojuridico.com.br/?artigos&ver=2.42988&seo=1>. Acesso em: 15 jan. 2018.

NETO, Tarcísio Vieira de Carvalho. *A invalidade da gravação ambiental em matéria eleitoral*, Disponível em: <http://www.conjur.com.br/2012-ago-26/justica-eleitoral-coibir-gravacoes-ambientais-autorizacao>. Acesso em 12 jan. 2018.

OLIVEIRA, Eugênio Pacelli de. *Curso de processo penal*. 2. ed. Del Rey. Belo Horizonte. 2003.

STRECK, Lenio Luiz. *Hermenêutica jurídica e(m) Crise*. 11. ed. Porto Alegre: Livraria do Advogado, 2014.

——. *Verdade e consenso*: constituição, hermenêutica e teorias discursivas. 4. ed. São Paulo: Saraiva, 2011.

——; ROCHA, Leonel Severo; ENGLEMAN, Wilson. Constituição, Sistemas Sociais e Hermenêutica. *Anuário do Programa de Pós-Graduação em Direito da Unisinos* – Mestrado e Doutorado, n. 12. Porto Alegre, 2016.

WEDY, Miguel Tedesco. A Constituição, eficiência e garantias nas dez propostas do MPF contra a corrupção. In STRECK, Lenio Luiz; ROCHA, Leonel Severo; ENGLEMAN, Wilson. Constituição, Sistemas Sociais e Hermenêutica. *Anuário do Programa de Pós Graduação em Direito da Unisinos* – Mestrado e Doutorado, n. 12. Porto Alegre, 2016, p. 169-180.

Impressão e acabamento
Rotermund
Fone (51) 3589 5111
comercial@rotermund.com.br